COLLECTION
FOLIO / ESSAIS

Oulipo

La littérature potentielle

(Créations   Re-créations
Récréations)

Gallimard

NOTE DE L'ÉDITEUR

Nous présentons ici une anthologie des travaux réalisés par l'Ouvroir de Littérature Potentielle (désigné par les sigles OU. LI. PO.) depuis sa fondation, c'est-à-dire durant ces douze dernières années (on verra que l'Ouvroir de Littérature potentielle comptant par Nouvelles Années — comme il y a des Nouveaux Francs, cela représente douze siècles d'activité). Ce qu'est l'Ouvroir de Littérature Potentielle, qui l'a fondé, quels en sont les membres, quels en sont les buts, le lecteur pourra l'apprendre dans les essais qui constituent la première partie de ce recueil. Disons tout de suite cependant que — comme l'expliquait un porte-parole de l'OU. LI. PO. lors d'une conférence à l'Institut Henri Poincaré :

1. Ce n'est pas un mouvement littéraire.
2. Ce n'est pas un séminaire scientifique.
3. Ce n'est pas de la littérature aléatoire.

Cela dit, le lecteur trouvera donc d'abord des définitions plus explicites des activités et des méthodes de l'OU. LI. PO. ; puis quelques exemples de l'application desdites méthodes à l'analyse d'œuvres littéraires ; ensuite des travaux revivifiant des recherches anciennes (c'est ainsi qu'il y a chez les Grands Rhétoriqueurs bien des signes avant-coureurs de la recherche oulipienne) ; enfin des spécimens d'œuvres, les unes consistant en manipulations de textes préexistants, les autres exhibant des créations originales.

Une boîte à idées et la clef de quelques exercices terminent un ouvrage dont les auteurs, traçant déjà d'autres pistes, ne se cachent pas le caractère *préliminaire*.

Poèmes liminaires

TIERCÉ NOUVEAU
DE L'OULHIPPISME

Lorsque la hulotte ulule : Ou !
Je m'horripile dans mon lit
Puis j'évoque sur mon pipeau

Un chinois vêtu de pilou
Qui trempe à plus de mille li
Trois poils de martre dans un pot

Et peint sur soie un docte loup
Dont le regard sénestre lit
La formule à changer de peau

Pour mieux voler je ne sais où
Vers un archange mal poli
Méditant les trous d'un drapeau

Tandis que Tintin et Milou
Las de voir le temps faire un pli
Prennent refuge à l'Oulipo.

Albert-Marie Schmidt.

L'OU. LI. PO.

C'est la loi d'un amarrage
Et le cordage et la mère
Et l'induction prospectale.
C'est le canal l'engrenage
Des œufs à la régulière
Et leur émergence exacte.
C'est la Jument Destinée.

Jean Queval.

Note :
Étant donné 7, 7 vers de 7 pieds.
Instrument de référence : Petit Larousse 1946.
Ouvroir + 7 substantifs = Oviducte.
Littérature + 7 substantifs = Liure.
Potentielle + 7 adjectifs = Poulinière.
Trois premiers vers : variation définitionnelle sur « Liure ».
Trois vers suivants : variation définitionnelle sur « Oviducte ».
Dernier vers : Chant triomphal inspiré par « Poulinière ».

Théorie et histoire

LA LIPO

(Le premier Manifeste)

Ouvrons un dictionnaire [1] aux mots : « Littérature Potentielle. » Nous n'y trouvons rien. Fâcheuse lacune. Les lignes qui suivent aimeraient, sinon imposer une définition, du moins proposer quelques remarques, simples amuse-gueule destinés à faire patienter les affamés en attendant le plat de résistance que sauront écrire de plus dignes que moi.

*

Vous souvenez-vous des discussions qui ont accompagné l'invention du langage ? Mystification, puérile fantaisie, déliquescence de la race et dépérissement de l'État, trahison de la Nature, atteinte à l'affectivité, crime de lèse-inspiration, de quoi n'accusa-t-on pas (sans langage) le langage à cette époque.

Et la création de l'écriture, et la grammaire, est-ce que vous vous imaginez que cela ait passé sans protestations ? La vérité est que la querelle des Anciens et des Modernes est permanente. Elle a commencé avec le Zinjanthrope (un million sept cent cinquante mille ans) et ne se terminera qu'avec l'humanité à moins que les Mutants qui lui

1. N'importe lequel.

succéderont n'en assurent la relève. Querelle, au demeurant, bien mal baptisée. Ceux que l'on appelle les Anciens sont, bien souvent, les descendants sclérosés de ceux qui, en leur temps, furent des Modernes ; et ces derniers, s'ils revenaient parmi nous se rangeraient, dans bien des cas, aux côtés des novateurs et renieraient leurs trop féaux imitateurs.

La littérature potentielle ne représente qu'une nouvelle poussée de sève dans ce débat[1].

*

Toute œuvre littéraire se construit à partir d'une inspiration (c'est du moins ce que son auteur laisse entendre) qui est tenue à s'accommoder tant bien que mal d'une série de contraintes et de procédures qui rentrent les unes dans les autres comme des poupées russes. Contraintes du vocabulaire et de la grammaire, contraintes des règles du roman (division en chapitres, etc.) ou de la tragédie classique (règle des trois unités), contraintes de la versification générale, contraintes des formes fixes (comme dans le cas du rondeau ou du sonnet), etc.

Doit-on s'en tenir aux recettes connues et refuser obstinément d'imaginer de nouvelles formules ? Les partisans de l'immobilisme n'hésitent pas à répondre par l'affirmative. Leur conviction ne s'appuie pas tant sur une réflexion raisonnée que sur la force de l'habitude et sur l'impressionnante série de chefs-d'œuvre (et aussi, hélas, d'œuvres moins chefs) qui ont été obtenus dans les formes et selon les règles actuelles. Ainsi devaient argumenter les adversaires de l'invention du langage, sensibles qu'ils étaient à la beauté des cris, à l'expressivité des soupirs et aux regards

---

1. Comment la sève peut-elle pousser dans un débat ? Nous nous désintéressons de cette question qui relève non de la poésie mais de la physiologie végétale.

en coulisses (et il n'est pas demandé ici aux amoureux d'y renoncer).

L'humanité doit-elle se reposer et se contenter, sur des pensers nouveaux de faire des vers antiques ? Nous ne le croyons pas. Ce que certains écrivains ont introduit dans leur manière, avec talent (voire avec génie) mais les uns occasionnellement (forgeages de mots nouveaux), d'autres avec prédilection (contrerimes), d'autres avec insistance mais dans une seule direction (lettrisme), l'Ouvroir de Littérature Potentielle (OuLiPo) entend le faire systématiquement et scientifiquement, et au besoin en recourant aux bons offices des machines à traiter l'information.

*

On peut distinguer dans les recherches qu'entend entreprendre l'Ouvroir, deux tendances principales tournées respectivement vers l'Analyse et la Synthèse. La tendance analytique travaille sur les œuvres du passé pour y rechercher des possibilités qui dépassent souvent ce que les auteurs avaient soupçonné. C'est, par exemple, le cas du centon qui pourrait, me semble-t-il, être revigoré par quelques considérations tirées de la théorie des chaînes de Markov.

La tendance synthétique est plus ambitieuse ; elle constitue la vocation essentielle de l'OuLiPo. Il s'agit d'ouvrir de nouvelles voies inconnues de nos prédécesseurs. C'est, par exemple, le cas des *Cent Mille Milliards de Poèmes* ou des haï-kaï booléens.

Les mathématiques — plus particulièrement les structures abstraites des mathématiques contemporaines — nous proposent mille directions d'explorations, tant à partir de l'Algèbre (recours à de nouvelles lois de composition) que de la Topologie (considérations de voisinage, d'ouverture ou de fermeture de textes). Nous songeons aussi à des poèmes anaglyphiques, à des textes transformables par projection, etc. D'autres raids peuvent être imaginés, notamment dans le domaine des vocabulaires particuliers (corbeaux, renards, marsouins ; langage Algol des ordinateurs électroniques, etc.). Il faudrait tout un long article pour énumérer les possibilités dès maintenant entrevues, et parfois esquissées.

Il n'est guère aisé de discerner à l'avance, à partir du seul examen de la graine, ce que sera la saveur d'un fruit nouveau. Prenons le cas de la contrainte alphabétique. En littérature, elle peut aboutir à l'acrostiche dont on ne saurait affirmer qu'il a produit des œuvres bouleversantes (cependant, Villon et, bien avant lui, le Psalmiste et l'auteur des Lamentations dites de Jérémie...) ; en peinture elle donne Herbin, et c'est autrement mieux ; et en musique la fugue sur le nom de B. A. C. H. et voilà une œuvre estimable. Comment les inventeurs de l'alphabet se seraient-ils doutés de tout cela ?

En résumé l'anoulipisme est voué à la découverte, le syntholipisme à l'invention. De l'un à l'autre existent maints subtils passages.

*

Un mot, enfin, à l'intention des personnes particulièrement graves qui condamnent sans examen et sans appel toute œuvre où se manifeste quelque propension à la plaisanterie.

Lorsqu'ils sont le fait de poètes, divertissements, farces et supercheries appartiennent encore à la poésie. La littérature potentielle reste donc la chose la plus sérieuse du monde. C. Q. F. D.

François Le Lionnais.

LE SECOND MANIFESTE

Je travaille pour des gens qui sont
intelligents avant d'être sérieux.

P. Féval

La poésie est un art simple et tout d'exécution. Telle est la règle fondamentale qui gouverne les activités tant créatrices que critiques de l'OuLiPo. De ce point de vue ce Second Manifeste n'entend pas modifier les principes qui ont présidé à la création de notre Association (on en trouvera une esquisse dans le Premier Manifeste) mais seulement les épanouir et les revigorer. Il vaut cependant la peine de signaler qu'une nouvelle direction de recherches a été, depuis quelques années, envisagée avec une ferveur croissante (mêlée de quelque anxiété). Voici en quoi elle consiste :

La très grande majorité des œuvres OuLiPiennes qui ont vu le jour jusqu'ici se place dans une perspective SYN-TAXIQUE structurEliste (je prie le lecteur de ne pas confondre ce dernier vocable — imaginé à l'intention de ce Manifeste — avec structurAliste, terme que plusieurs d'entre nous considèrent avec circonspection). Dans ces œuvres, en effet, l'effort de création porte principalement sur tous les aspects formels de la littérature : contraintes,

programmes ou structures alphabétiques, consonnanti-
ques, vocaliques, syllabiques, phonétiques, graphiques,
prosodiques, rimiques, rythmiques et numériques. Par
contre les aspects SÉMANTIQUES n'étaient pas abordés, la
signification étant abandonnée au bon plaisir de chaque
auteur et restant extérieure à toute préoccupation de
structure.

Il parut souhaitable de faire un pas en avant en tentant
d'aborder le domaine sémantique et de domestiquer les
concepts, les idées, les images, les sentiments et les
émotions. L'entreprise est ardue, hardie et, par cela même,
digne de considération [1]. Si le chapitre historique du
Réjean Lescure nous a peint l'OuLiPo tel qu'il est (et tel
qu'il fut) cette ambition nous le montre tel qu'il devrait
être.

*

L'activité de l'OuLiPo et la mission dont il se considère
investi pose le(s) problème(s) de l'efficacité et de la
viabilité des structures littéraires (et, plus généralement,
artistiques) artificielles.

L'efficacité d'une structure — c'est-à-dire l'aide plus ou
moins grande qu'elle peut apporter à un écrivain — dépend
d'abord de la plus ou moins grande difficulté d'écrire des
textes en respectant des règles plus ou moins contraignantes.

La majorité des écrivains et des lisants estime (ou affecte
d'estimer), que des structures extrêmement contraignantes, comme l'acrostiche, la contrepèterie, le lipogramme, le palindrome ou l'holorime (pour ne citer que
cinq d'entre elles qui ont reçu des noms), ne ressortissent
que de l'acrobatie et ne méritent qu'une moue amusée car

---

1. Une exploration systématique du roman policier a déjà été entreprise
dans ce sens.

elles n'auraient aucune chance de contribuer à engendrer des œuvres valables. Aucune chance ? Voire. C'est un peu trop vite faire fi de la valeur exemplaire de toute acrobatie. Le seul fait de battre un record dans l'une de ces structures excessives peut suffire à justifier l'œuvre, l'émotion qui se dégage du sens de son contenu constituant un mérite qui n'est certes pas à dédaigner mais qui reste secondaire.

A l'autre extrémité, celle du refus de toute contrainte, la littérature-cri ou la littérature-borborygme. Elle a ses diamants et les membres de l'OuLiPo ne comptent pas parmi ses moindres admirateurs... dans les moments, bien sûr, où ils ne se livrent pas à leur sacerdoce oulipien.

Entre ces deux pôles toute une gamme de structures plus ou moins contraignantes a fait depuis l'invention du langage l'objet de nombreuses expériences. L'OuLiPo a la conviction, très forte, qu'on pourrait en envisager un bien plus grand nombre.

Même lorsqu'il accorde une importance capitale au sens du message qu'il entend délivrer (c'est-à-dire à ce qu'il y a de commun entre le texte et une traduction), l'écrivain ne peut pas ne pas être sensible aux structures qu'il emploie et ce n'est pas au hasard qu'il adopte une forme au lieu d'une autre : le (merveilleux) vers de 13 pieds au lieu de l'alexandrin, le mélange ou la séparation des genres, etc. Peu contraignantes ces structures traditionnelles lui offrent un assez grand choix. La question reste ouverte de savoir si (et comment) l'OuLiPo pourrait créer de nouvelles structures guère plus et guère moins contraignantes que les structures traditionnelles. Sur des pensers anciens (ou nouveaux) le poète aurait la possibilité de faire des vers nouveaux.

Mais une structure artificielle peut-elle être viable ? A-t-elle la moindre chance de s'enraciner dans le tissu culturel d'une société et d'y produire feuilles, fleurs et fruits ? Le moderniste enthousiaste en est convaincu, le traditionaliste à tous crins est persuadé du contraire. Et voilà, surgie de ses cendres, une forme moderne de l'ancienne querelle des Anciens et des Modernes.

On peut comparer — mutatis mutandis — ce problème à celui de la synthèse en laboratoire de matière vivante. Que l'on n'ait jamais réussi cette performance ne prouve pas qu'elle soit à priori impossible. Les succès remarquables des actuelles synthèses biochimiques permettent d'espérer mais ne prouvent cependant pas que l'on arrivera (et rapidement) à la fabrication d'êtres vivants. C'est un point au sujet duquel il semble quelque peu oiseux de discuter longuement. L'OuLiPo a préféré s'atteler au travail, sans d'ailleurs se dissimuler que l'élaboration de structures littéraires artificielles semble infiniment moins compliquée et moins difficile que la création de la vie.

Voilà pour l'essentiel. Peut-être me permettra-t-on d'attirer l'attention sur une fondation d'apparence modeste, d'apparence seulement. Il s'agit de l'Institut de Prothèse Littéraire.

Qui n'a senti, en lisant un texte — et quelle qu'en soit la qualité — l'intérêt qu'il y aurait à l'améliorer par quelques retouches pertinentes. Aucune œuvre n'échappe à cette nécessité. C'est la littérature mondiale dans son entier qui devrait faire l'objet de prothèses nombreuses et judicieusement conçues. Donnons-en deux exemples, l'un et l'autre bilingues.

Le premier s'orne d'une anecdote. Alexandre Dumas père faisait en vain une cour assidue à une dame très belle, mais mariée et, hélas, vertueuse. Comme elle lui demandait d'inscrire une pensée sur son album il écrivit — enrichissant Shakespeare d'heureuse manière — : « Tibi or not to be. »

On m'excusera, pour le second exemple, de faire appel à des souvenirs personnels. Il y a plus d'un demi-siècle, émerveillé par les poèmes de John Keats, je flânais dans les allées du Jardin des Plantes. Arrivé devant la cage des primates, je ne pus m'empêcher de m'écrier (suscitant quelque surprise chez les visiteurs) : « Un singe de beauté est un jouet pour l'hiver ! »

Lautréamont ne s'approchait-il pas de cet idéal lorsqu'il écrivait : « *Le plagiat est nécessaire. Le progrès l'implique. Il serre de près la phrase d'un auteur, se sert de ses expressions, efface une idée fausse, la remplace par l'idée juste.* »

Et cela m'amène à la question du plagiat. Il nous arrive parfois de découvrir qu'une structure que nous avions crue parfaitement inédite, avait déjà été découverte ou inventée dans le passé, parfois même dans un passé lointain. Nous nous faisons un devoir de reconnaître un tel état de choses en qualifiant les textes en cause de « plagiats par anticipation ». Ainsi justice est rendue et chacun reçoit-il selon ses mérites.

On peut se demander ce qui arriverait si l'OuLiPo n'existait pas ou s'il disparaissait subitement. A court terme on pourrait le regretter. A terme plus long tout rentrerait dans l'ordre, l'humanité finissant par trouver, en tâtonnant, ce que l'OuLiPo s'efforce de promouvoir consciemment. Il en résulterait cependant dans le destin de la civilisation un certain retard que nous estimons de notre devoir d'atténuer.

François Le Lionnais.

PETITE HISTOIRE
DE L'OULIPO

L'histoire n'en pourra douter, l'Oulipo a été fondé par François Le Lionnais. Queneau l'a dit à la radio. Les feuilles, les écrits s'envolent, mais les paroles demeurent. Il s'est d'ailleurs désigné du même coup comme co-fondateur. Sur la cause occasionnelle de cette fondation il s'est exprimé de la manière que voici : *J'avais écrit cinq ou six des sonnets des cent mille milliards de poèmes, et j'hésitais un peu à continuer, enfin, je n'avais pas beaucoup le courage de continuer, plus cela allait, plus c'était difficile à faire naturellement* (ici je remarque que l'édition Gallimard, p. 116 des *Entretiens* avec Georges Charbonnier, ne ponctue pas ce membre de phrase, alors que l'on est porté à se demander si en la prononçant Raymond Queneau n'a pas placé une virgule entre *faire* et *naturellement*. Si bien que l'on ignore si la pensée de l'auteur est : *plus c'était difficile à faire naturellement*, ce qui nous introduit au cœur même de la réflexion oulipienne, ou bien : *plus c'était difficile à faire, naturellement*). *Mais* (je poursuis la citation) *quand j'ai rencontré Le Lionnais, qui est un ami, il m'a proposé de faire une sorte de groupe de recherches de littérature expérimentale. Cela m'a encouragé à continuer mes sonnets.*

Il faut l'avouer, cet encouragement dont la nécessité ne fut pas sensible à tous, ne parut suffisant à personne. On en a une preuve dans le compte rendu de la première réunion, le jeudi 24 novembre 1960, compte rendu dû à l'impatiente vigueur de Jacques Bens nommé dès ce jour-là, et définitivement, secrétaire provisoire. On y lit : *il ne semble pas que la composition de poèmes à partir d'un vocabulaire composé par intersections, inventaires ou tout autre procédé, puisse constituer une fin en soi.*

A l'activité de l'Oulipo, cela va sans dire. Quant à l'activité de tout un chacun, nous n'avions pas d'objection à ce qu'elle s'assignât la composition de poèmes. Quoi donc de plus nécessaire réunissait ce jour-là dans la cave du restaurant à l'enseigne du Vrai Gascon : Queval Jean, Queneau Raymond, Lescure Jean, Le Lionnais François, Duchateau Jacques, Berge Claude et Bens Jacques ainsi que le mentionne le compte rendu ? Avec en outre l'intention d'insister (afin qu'ils assistent au repas suivant) auprès de Schmidt Albert-Marie, Arnaud Noël et Latis.

On se le demandait. On se le demande dès le lendemain par écrit sous la forme : *Considérant que nous ne nous réunissons pas seulement pour nous divertir* (ce qui est déjà *considérable, certes*), *que pouvons-nous attendre de nos travaux ?*

Comme on se le demandait, c'est qu'on n'y avait pas répondu d'abord. Que cela me permette de glisser, dans ce petit vacillement de notre durée naissante, une remarque. C'est que sur les sept personnes rassemblées lors de ce premier déjeuner, six avaient assisté à la décade organisée à Cerisy en septembre, soit deux mois plus tôt, et consacrée à Raymond Queneau, sous le titre : « Une nouvelle défense et illustration de la langue française. » Ces six-là n'étaient pas tous liés, avant la rencontre mémorable de Cerisy, par des liens d'amitié. Certains même ne se connaissaient pas. Ces six-là, plus André Blavier, qui sera plus tard membre correspondant de l'Oulipo, s'étaient déjà réunis à Cerisy dans le petit pavillon de l'entrée avec l'intention de former un groupe au sein du Collège de

Pataphysique. Dans la séance qui eut lieu alors, Queval fut
à diverses reprises exclu, pour un total de 297 ans, et
récupéré chaque fois par acclamation. Ce qui marqua sa
carrière ultérieure d'oulipien en le condamnant à s'exclure
lui-même sans cesse et à céder sans cesse à nos réclama-
tions.

En cette première réunion de novembre 1960 l'Oulipo ne
s'appelait encore que le S. L. E., réduction de sélitex
autrement dit séminaire de littérature expérimentale. Ce
n'est qu'un mois plus tard, le 19 décembre 60, et sur
l'intervention particulièrement heureuse d'Albert-Marie
Schmidt que ce S. L. E. devint l'Oulipo ou plutôt l'Olipo :
ouvroir de littérature potentielle. On peut donc dire
légitimement que durant un mois, il y eut un oulipo po. Un
oulipo potentiel. Quelle différence considérable l'oulipo
introduisait-il par rapport au mort-né sélitex, ou S. L. E. ?
Le li ne changeait pas. Certes, d'aucuns prétendirent qu'il y
avait beaucoup à dire sur la Li. Mais, nos travaux de Cerisy
nous avaient convaincus que le langage ne nous requérait
que comme littérature. Bref, on maintenait le li de
littérature. Séminaire nous gênait par une sorte de rappel
des haras et de l'insémination artificielle : ouvroir, au
contraire, flattait ce goût modeste que nous avions pour la
belle ouvrage et les bonnes œuvres : morale et beaux-arts
étant respectés, nous consentîmes à lier à la li l'ou. Restait
la po ou le po de cet ouli. L'illumination fut générale. Et le
mot « expérimental », nous ayant paru fonder toute l'opération sur des actes et des expériences encore mal discerna-
bles, nous jugeâmes prudent de nous asseoir sur une notion
objective, sur un fait réel de l'être littéraire : sa potentialité. Cette potentialité demeurant en tout état de cause
égale à elle-même, quand même l'énergie expérimentatrice
des littérateurs viendrait à lui faire défaut.

C'est enfin le 13 février 1961 que le secrétaire général
particulier du Vice-Curateur Baron du Collège de Pataphysique, M. Latis, accomplit la nomination de cette entre-

prise en suggérant, pour l'équilibre, d'adjoindre à l'O d'ouvroir, la seconde lettre de ce mot, ce qui faisait définitivement de l'Olipo, l'Oulipo.

Les premiers travaux marquèrent aussitôt le souci d'inscrire l'Oulipo dans une histoire. L'Oulipo ne prétendait pas innover à tout prix. Les premières communications portèrent sur des œuvres anciennes, présentant toutes le caractère de pouvoir servir d'ancêtres, sinon toujours de modèles, aux travaux que nous souhaitions mettre en train. Ce qui nous amena à envisager d'accorder une bonne partie de nos soins à une H. L. E. ou Histoire des littératures expérimentales. On voyait ici reparaître la notion d'expérimentations ou d'exercice, au moment même où nous prenions conscience de ce qui nous distinguait de ce passé : la potentialité.

Mais enfin l'essentiel de notre objet demeurait bien la littérature, et François Le Lionnais écrivait : *Toute œuvre littéraire se construit à partir d'une inspiration... qui est tenue à s'accommoder tant bien que mal d'une série de contraintes ou de procédés*, etc. Ce que l'Oulipo entendait montrer, c'est que ces contraintes sont heureuses, généreuses et la littérature même. Ce qu'il se proposait c'était d'en découvrir de nouvelles sous le nom de *structures*. Mais nous ne le savions pas encore aussi clairement.

La position de l'Oulipo vis-à-vis de la littérature est déterminée dans la circulaire n° 4, compte rendu de la réunion du 13 février 1961, sous la forme suivante : *Jean Queval intervint pour demander si l'on est pour les fous littéraires*, A cette question délicate, *F. Le Lionnais répondit fort subtilement :*

— *Nous ne sommes pas contre : mais la vocation littéraire nous intéresse avant tout.*

Ce que précisa R. Queneau :

— *Il n'y a de littérature que volontaire.*

Si l'on veut bien se reporter à la phrase désormais célèbre inscrite dans *Odile*, on pourra joindre à cette notion les conséquences considérables qui découlent du fait que : *Le véritable inspiré n'est jamais inspiré, il l'est toujours*. Qu'est-ce à dire ? Comment ! cette chose si rare, l'inspiration, ce don des dieux qui fait le poète et que ce malheureux n'arrive même pas à mériter à tous les coups par les pires douleurs cardiaques, cette illumination venue on ne sait d'où, il se pourrait qu'elle cessât d'être capricieuse et que tout un chacun la trouvât fidèle et consentante à son désir ? On n'a pas assez remarqué quelle révolution grave, quelle mutation brusque cette simple phrase introduisait dans une conception de la littérature encore toute livrée aux effusions romantiques et à l'exaltation de la subjectivité. En fait, cette phrase impliquait la conception révolutionnaire de l'objectivité de la littérature et ouvrait, dès lors, celle-ci à tous les modes de manipulation possibles. Bref, comme les mathématiques, la littérature pouvait *s'explorer*.

On sait que pour Queneau, à Cerisy, l'origine du langage ça pouvait être le fait d'un type qui avait mal au ventre et qui voulait le dire. Mais Queneau a précisé devant Charbonnier : *Évidemment, il n'y parvenait pas, il n'y est jamais parvenu, jamais personne n'y parviendra*. Depuis cette mystérieuse origine, il est arrivé que les échecs du langage ont peu à peu conduit les usagers à s'interroger sur cet étrange outil que l'on pouvait, qui vous forçait parfois à le considérer en dehors de son utilité.

On s'est aperçu que l'on était langage de la tête aux pieds. Et que, quand on croyait avoir mal au ventre, c'était au langage qu'on avait mal. Que tout cela n'était pas très discernable. Que la médecine c'était bien, mais que si c'était au langage que nous souffrions, cela ne suffisait pas, bien que la médecine ce soit aussi un langage. On s'est donc mis à explorer, ou à vouloir explorer le langage. On a commencé à se fier à ses propriétés. On l'a laissé jouer tout seul. Les jeux de mots sont devenus le jeu des mots chez Queneau, sujet de thèse du troisième cycle dû à l'excellent

Daubercies. On a dirigé ses jeux, cherché, découvert et encouragé un certain nombre de ses capacités, au langage. On a été bien attentif à cette nature qu'il a peut-être, ou qu'il se constitue et qui nous constitue.

C'est devenu tout à fait naturel, ce mouvement. Et c'est pourquoi j'ai, tantôt, souligné la phrase de Queneau : *Plus c'était difficile à faire naturellement.* C'est devenu si naturel que l'on en oublie la ponctuation et que tout le monde s'en mêle.

Je remarque que Lévi-Strauss commence la *Pensée Sauvage* par une réflexion sur la nomination, et l'expression du concret par l'abstrait. Il cite deux phrases du chinook, langue bien utile aux linguistes. Ces deux phrases font usage de mots abstraits pour désigner des propriétés ou des qualités des êtres ou des choses. Aussi pour dire : *Le méchant homme a tué le pauvre enfant,* on dira : *La méchanceté de l'homme a tué la pauvreté de l'enfant;* et pour dire : *Cette femme utilise un panier trop petit,* on dira : *elle met des racines de potentille dans la petitesse d'un panier à coquillages.*

Il apparaît bien ici que les notions d'abstrait et de concret sont confuses et, comme le dit Lévi-Strauss, que chêne ou hêtre sont des abstraits au même titre que arbre. Mais il apparaît encore autre chose au savant poète qui examine ce texte. C'est que : *la méchanceté de l'homme a tué la pauvreté de l'enfant,* ce n'est pas tout à fait la même chose que : *le méchant homme a tué le pauvre enfant.* Ce n'est, en fait, pas du tout la même chose. Et cette différence fait apparaître une nouvelle concrétude qui n'est plus seulement celle de la chose à quoi les mots se réfèrent, mais celle des mots mêmes. Le langage est un objet concret.

On peut donc opérer sur lui comme sur les autres objets de science. Le langage (littéraire) ne manipule pas, comme on le croit encore, des notions, il manie des objets verbaux et peut-être même, pour la poésie (mais peut-on faire une différence entre poésie et littérature ?) des objets sonores.

De même qu'en peinture la dissimulation de l'objet de référence par les grilles de la non-figuration prétendait moins anéantir cet objet, table, paysage ou figure, qu'en détourner l'attention au bénéfice de l'objet-tableau, de même un certain nombre de phrases aujourd'hui écrites fixent le regard de l'observateur sur l'objet singulier qu'est le langage littéraire, dont les significations se trouvent du coup indéfiniment multipliées. L'insolite de la désignation renvoie au signe plutôt qu'au signifié.

Un simple exemple me fera comprendre : le début du *Chiendent : La silhouette d'un homme se profila, simultanément des milliers*. Un romancier réaliste eût écrit : *Jules s'amena. Y avait foule*. Mais en écrivant cela, le romancier réaliste aurait seulement marqué qu'il confondait le concret des choses avec le concret littéraire, et qu'il croyait pouvoir annuler le second au bénéfice du premier. Il eût prétendu rendre sa phrase totalement transparente à ce qu'elle désignait. Cela c'est la littérature selon Sartre, et le langage transitif. En littérature, la moindre combinaison de mots sécrète des propriétés parfaitement intransitives. Le recours à l'abstrait chez Queneau signifie seulement l'élection d'un système de concrétude à la fois très ancien et tout neuf : la littérature elle-même.

Je ne veux pas dire que c'est là une découverte absolue. Queneau sait mieux que personne que la littérature a existé avant nous. On trouve par exemple dans *Ange Pitou* une description de bagarre tout à fait dans le sens que nous disons. Ange Pitou se bat avec le séminariste qui l'a élevé, si ma mémoire est exacte, et qu'il vient de retrouver. Celui-là lui allonge un coup de poing que, dit A. Dumas, *Ange Pitou para adroitement avec l'œil*. Tout ici est concret dans les termes, mais l'organisation de ces divers concrets est absurde. Aussi n'est-ce pas au monde qu'elle renvoie, c'est à la littérature. Mais la littérature c'est, bien entendu, toujours le monde.

C'est parce qu'il avait le sentiment profond de n'être pas

un commencement absolu, mais au contraire d'appartenir à une histoire, que l'Oulipo a tenu à consacrer une bonne partie de ses travaux à rassembler les textes d'une anthologie de la littérature expérimentale. Car il n'y a pas eu que ces illuminations naïves et hasardeuses, du genre Alexandre Dumas : d'autres écrivains ont cherché systématiquement à transformer les contraintes des règles littéraires en sources d'inspiration. Le fameux *Je rime à dait* de Hugo est un exemple sinon de ce que faisait le plus grand poète français, du moins des vertus énergétiques de la rime.

L'expérimentation se trouvait ainsi réintroduite dans l'Oulipo, non seulement au niveau de l'établissement de son arbre généalogique, de l'histoire de ses origines, mais encore dans le projet d'une direction à donner à notre exploration. Car la plupart des expériences que l'on peut faire sur le langage découvrent que le champ des significations déborde largement les intentions de tout auteur. C'est un lieu commun aujourd'hui qu'un auteur ne comprend que très peu les significations que son œuvre comporte. Et l'on ne trouve plus un seul écrivain assez provincial pour expliquer : *J'ai voulu dire que...* L'écrivain interrogé répond aujourd'hui : *J'ai voulu faire...* suit la description d'une machine dont le rendement demeure à la discrétion des consommateurs. Bref, tout texte littéraire est littéraire par une quantité indéfinie de significations potentielles.

Cela vise les objets de littérature et l'on voit que, de ce point de vue, toute la littérature est potentielle. Ce dont l'Oulipo ne saurait se désoler. Mais comme l'identification de la potentialité et de la Littérature risquerait de dissoudre l'Oulipo dans la totalité du langage, il a bien fallu chercher la potentialité spécifique que nous entendions réserver à nos soins. Ce n'est pas celle de la littérature faite, c'est celle de la littérature à faire.

Il n'a pas été commode d'en arriver là. Cela a même été dramatique. D'abord on élabora une définition assez vaste que voici : *Oulipo : organisme qui se propose d'examiner*

*en quoi et par quel moyen, étant donné une théorie
scientifique concernant éventuellement le langage* (donc
l'anthropologie)*, on peut y introduire du plaisir esthétique
(affectivité et fantaisie). Nous ne saurons jamais qui, en
particulier, a pondu cette définition, le secrétaire définitif
l'ayant généreusement attribuée à tous dans son compte
rendu de la séance du 5 avril 1961.

Les choses ne pouvaient que se gâter. Et le même jour,
les oulipiens faisaient « sournoisement » suivre cette définition d'une autre les concernant : *Oulipiens : rats qui ont à
construire le labyrinthe dont ils se proposent de sortir.*

C'est le 20 avril que le drame éclata. Le mot d'affectivité
déclencha l'orage mitonné depuis un mois par Jacques
Bens. Se réclamant d'une *méthode*, et scientifique, le
secrétaire provisoire prétendit qu'on ne pouvait partir que
de faits réels, de textes existants. A Albert-Marie Schmidt
qui s'inquiétait de penser que les traitements que nous
faisions subir à ces textes, en en actualisant les potentialités, en fait les détruisaient en tant que telles, les transfor-
maient en réalités, Arnaud répondait qu'il fallait partir du
concret, du matériau. L'activité de l'Oulipo applique à ces
matériaux des traitements systématiques et prévus. Voilà la
méthode expérimentale. A quoi Queneau répliquait : *notre
méthode pourrait s'appliquer à des faits inexistants.* Et
Lescure Jean trouvant même que la potentialité la plus
grande, c'est celle de l'inexistant, Bens criait d'une voix
agressive : *méthode poétique cela, pas scientifique.* Queneau : *Historiquement, on peut considérer que, le jour où
les Carolingiens se sont mis à compter sur leurs doigts 6, 8 et
12 pour faire des vers, ils ont accompli un travail oulipien.
Le potentiel, c'est ce qui n'existe pas encore.* De la plus
mauvaise foi du monde, Jacques Bens affirmait alors que
c'était ce qu'il disait : *Pour arriver au potentiel* (au futur) *il
faut bien partir de ce qui existe* (le présent). Comme c'est lui
qui rédige les comptes rendus, il ne se coupa pas la parole
et se donna le dernier mot.

C'est dans la nuit du 28 août 1961, dans les jardins de François Le Lionnais et en présence de Lady Godiva, que les oulipiens s'approchèrent de comprendre ce qu'ils essayaient de faire depuis si longtemps. Le Lionnais s'exprima en ces termes : *Il est possible de composer des textes qui auront des qualités poétiques, surréalistes, fantaisistes ou autres, sans avoir de qualités potentielles. Or, c'est ce dernier caractère qui est essentiel pour nous. C'est le seul qui doit guider notre choix... Le but de la littérature potentielle est de fournir aux écrivains futurs des techniques nouvelles qui puissent réserver l'inspiration de leur affectivité. D'où la nécessité d'une certaine liberté. Il y a 9 ou 10 siècles, quand un littérateur potentiel a proposé la forme du sonnet, il a laissé, à travers certains procédés mécaniques, la possibilité d'un choix.*

Ainsi, continue Le Lionnais, *il y a deux Lipos : une analytique et une synthétique. La lipo analytique recherche des possibilités qui se trouvent chez certains auteurs sans qu'ils y aient pensé. La lipo synthétique constitue la grande mission de l'Oulipo, il s'agit d'ouvrir de nouvelles possibilités inconnues des anciens auteurs.*

Cette définition enfin atteinte demeure la règle de l'Oulipo. Dans ses entretiens avec Charbonnier, Queneau la reprend presque mot pour mot : *Le mot « potentiel » porte sur la nature même de la littérature, c'est-à-dire qu'au fond, il s'agit peut-être moins de littérature proprement dite que de fournir des formes au bon usage qu'on peut faire de la littérature. Nous appelons littérature potentielle la recherche de formes, de structures nouvelles et qui pourront être utilisées par les écrivains de la façon qui leur plaira.*

Enfin Le Lionnais plus récemment : *L'Oulipo a pour but de découvrir des structures nouvelles et de donner pour chaque structure des exemples en petite quantité.*

On le voit, les règles du sonnet qui sont la tarte à la crème de l'Oulipo demeurent l'exemple parfait de nos visées. Mais dans tout cela il y a une façon assez nouvelle de considérer la littérature et ce n'est pas par hasard, et sans mauvais sentiments à l'égard du monde ancien, que Queneau écrit que nous nous proposons de déterminer *tout un arsenal dans lequel le poète ira choisir, à partir du moment où il aura envie de sortir de ce qu'on appelle l'inspiration* (Entretiens, p. 154).

L'histoire saura que l'Oulipo délivre l'homme des maladies infantiles du littérateur, et rend à celui-ci la liberté vraie qui consiste, en exerçant « son goût passionné de l'obstacle » [1], à trouver dans le monde même le tremplin de son action.

*

Arrivé en ce point de conscience de sa mission, l'Oulipo s'engrena allègrement dans les siècles qui l'attendaient. A peine entré dans le cinquième de ceux-là il avait si bien mêlé aux diverses natures de ses membres sa sève que les oulipiens faisaient de la lipo sans le savoir. Des exercices illustraient parfois ces natures. C'étaient les boules de neige, les poèmes isosyntaxiques, isovocaliques ou isoconsonnantiques, les antérimes, les lipogrammes, etc... et les nombreuses propositions des permutations pour une littérature combinatoire.

Des deuils assombrirent notre histoire. Le très cher, très lettré et très fraternel Albert-Marie Schmidt d'abord dont la disparition nous amputa de l'essentiel de notre savoir, et nous priva des œuvres les plus plaisantes. Marcel Duchamp, de l'une des Amériques, s'intéressait à l'Ouvroir. L'Ouvroir s'honorait de le compter parmi ses membres correspondants. Il mourut oulipien.

---

1. Baudelaire, bien sûr.

Des nouveaux naquirent[1] : Georges Perec, Jacques Roubaud, Luc Étienne, Marcel Bénabou, Paul Fournel. Et l'on vit paraître des œuvres portant traces évidentes de nos réflexions. Chez Perec justement avec *La disparition*. Roubaud dont l'ε invente des contraintes que l'on n'a pas fini d'élucider. Le *Zinga 8* de Jacques Duchateau qui a surpris et même épaté. *Un conte à votre façon* de Raymond Queneau, histoire « programmée ». *Le petit meccano poétique n° 00,* modestes exercices à l'usage des commençants.

Bien que l'objet de l'Oulipo ne soit pas de donner le jour à des œuvres, il était bon de montrer que l'œuvre des meilleurs peut y trouver une énergie nouvelle — et nous nous plaisons à reconnaître par *Le Vol d'Icare* que Raymond Queneau fait de très nets progrès.

Bref chacun de nos centenaires ayant été marqué d'un congrès, nous sommes assez satisfaits de voir que nous avons maintenant juvénilement dépassé notre premier millénaire.

Jean Lescure.

1. Rappelons le nom des anciens : Noël Arnaud, Jacques Bens, Claude Berge, Paul Braffort, Jacques Duchateau, François Le Lionnais, Jean Lescure, Raymond Queneau, Jean Queval. Correspondants étrangers : André Blavier, Ross Chambers, Stanley Chapman.

LE COLLÈGE
DE ’PATAPHYSIQUE
ET L’OULIPO

Présentation des travaux
de la Sous-Commission dans le Dossier 17
du Collège de ’Pataphysique

Faust, dérangé par son antithétique famulus, prête une oreille agacée mais peut-être complaisante aux lieux communs de ce représentant de la culture :

... die Kunst ist lang ! Und kurz ist unser Leben

lui serine cette « pars negativa » à point si bien venue. Les chercheurs qui se sont réunis sous la triple invocation de la Littérature Potentielle, de la ’Pataphysique et donc de l’Éthernité ne partagent point ce pessimisme humaniste. Par conformité aux célèbres directives de Sa Magnificence : « La ’Pataphysique, toute la ’Pataphysique » ils estiment que l’Art n’est pas assez long dans la plus courte des existences. Les *Cent mille milliards de poèmes* l’ont fait comprendre aux Pataphysiciens et à beaucoup d’autres.

Que l’ « expression » renferme autre chose qu’elle-même, c’est ce qu’on sait depuis qu’il y a un langage, quand on a pris goût aux « non » qui disent « oui » et aux « oui » cruels qui refusent plus durement que les « non », et ainsi de suite... Le Verbe est intimement potentiel (et par là ontogéniquement pataphysique ou générateur de Solutions Imaginaires) : c’est en cela qu’il est Dieu. Mais le temps des adorations est passé, celui de la science et de ses ambitieuses surenchères est venu. La divine potentialité du

Verbe, malgré quelques fulgurations notables, était restée, quoique toujours prête à sourdre, latente et implicite. Il s'agit, et c'est ce qu'a signifié la création de l'Ouvroir de Littérature Potentielle, de passer à l'explicite et de mettre en œuvre ces pouvoirs. Ainsi aux temps des CRÉATIONS CRÉÉES, qui furent ceux des œuvres littéraires que nous connaissons, devrait succéder l'ère des CRÉATIONS CRÉANTES, susceptibles de se développer à partir d'elles-mêmes et au-delà d'elles-mêmes, d'une manière à la fois prévisible et inépuisablement imprévue.

Ce qu'on nomme les chefs-d'œuvre du passé n'est pas sans nous donner quelque idée de cette grandiose procession. Leur densité ne recèle-t-elle pas — de par un privilège interne — une indéfinie possibilité d'interprétations souvent fort divergentes et dont les contradictions accumulées avec les siècles suscitent notre perplexité ? Chaque génération les « renouvelle » et y mire ses états d'âme. Que n'a-t-on pas trouvé, que ne trouvera-t-on pas « dans » Virgile ou « dans » Rabelais ?

Pourtant — si ironique que soit ce constat — il ne suffit pas de créer des « chefs-d'œuvre » pour faire de la Littérature Potentielle. L'ambition de l'Oulipo est à la fois plus modeste et plus prétentieuse. Elle se situe dans l'agencement des moyens plus que dans l'intuition des fins. Elle vise à inventorier — ou à inventer — les procédés par lesquels l'expression devient capable de se transmuer par sa seule facture verbale en d'autres expressions plus ou moins nombreuses. Il s'agit de provoquer délibérément ce que les chefs-d'œuvre ont produit secondairement ou comme par surcroît, et surtout de faire apparaître dans le traitement même des mots et des phrases ce que la mystérieuse alchimie des chefs-d'œuvre engendre dans les sphères supérieures du sens et de la fascination esthétiques. On conçoit aisément que la Littérature Potentielle n'est pas une recette pour « faire des chefs-d'œuvre » : elle vise infiniment moins haut, son effort est bien de retrouver la

même faculté génératrice des au-delà, mais dans l'ordre
beaucoup plus élémentaire et plus scientifique des structures du langage. Quand cette littérature aura pris conscience et consistance, quand elle aura engendré des
œuvres, alors on pourra, si l'on tient aux palmarès, y
distinguer des œuvres intéressantes ou non, et, comme
parle le non-pataphysicien, des chefs-d'œuvre ou des pieds-
d'œuvre.

Pour l'instant, nous n'en sommes qu'au crépuscule de
l'aurore. Dans ce premier Dossier, on verra que pour
dessiller les yeux de ses Membres encore peu aptes à
supporter le soleil potentiel, citoyens qu'ils sont des
caligineuses Contrées du Verbe obvie, l'Ouvroir s'est
appliqué à découvrir en ces ombres les reflets phosphores-
cents qui y filtrent : soit sous les espèces de quelques-unes
des tentatives plus ou moins potentielles consciemment
entreprises dans le passé, soit surtout dans la manipulation
des matériaux involontairement proposés par les anciens
(déjà !) auteurs au traitement potentiel. Cette exploration,
à elle seule, est infinie : et notre première et modeste glane
ne donne même pas idée des immensités qu'on pourra
prospecter, quand, par exemple, grâce à des calculatrices
on extraira tout un vocabulaire donné (v. g. concernant les
coups) et même des structurations syntaxiques de l'œuvre
de Corneille ou d'Eugène Sue pour écrire des œuvres
originales en « cornélien » ou en « suien », puis créer
divers « cornélio-suiens », etc... — ou encore (comme l'ont
déjà timidement esquissé quelques linguistes) quand ces
calculatrices serviront à faire apparaître les constantes d'un
écrivain dans toutes sortes de domaines, et qu'on lui fera
tracer ainsi par lui-même la cartographie de ses virtua-
lités... (nous rejoignons ici la définition de la 'Pataphysique
par Jarry). Dans un ordre plus abstrait, ne sera-t-on pas
tenté par une Topologie des Lieux Communs, dont on
parviendrait à tirer les lieux communs des structures des
lieux communs, — et à nouveau une topologie de ces lieux

« au carré » et ainsi de suite, jusqu'à ce que, dans une analyse rigoureuse de ce « regressus » lui-même, on atteigne cet absolu, l'Absolu, dont, selon Jarry, « les clichés sont l'armature » ?

Mais ce n'est là que la moitié du programme et la moins féconde. Une fois rompu à ces recherches et sensibilisé à cette intellection au n^e degré, le littérateur potentialipotent (nous n'osons certes dire les actuels Membres de la Sous-Commission de l'Oulipo !) aura la possibilité de jouer pour son propre compte sur cet orgue aux multiples claviers, aux combinaisons de registres mathématiquement déda-léennes, aux « mixtures » développant des harmoniques indéfiniment chatoyants et subtils. Et quelle musique ? nous n'en avons pas idée. Y croyons-nous même ? Le seul exemple que nous puissions avancer pour évoquer de bien loin ces mirages futurs, ne figure pas dans cette livraison : ce sont les *Cent Mille Milliards de Poèmes* du T. S. Queneau. Ils font l'effet — ce n'est pas péjoratif sous notre plume ! — d'une mystification. Et, prophètes incrédules comme Swift, nous traitons pataphysiquement ces avenirs.

Mais est-il un autre canon (qu'on se dise sérieux au sens profane ou au sens pataphysique) que de traiter l'avenir comme une gerbe de Solutions Imaginaires, c'est-à-dire de potentialités ?

Anoulipismes

POUR UNE ANALYSE
POTENTIELLE
DE LA LITTÉRATURE
COMBINATOIRE

Lorsqu'à l'âge de 20 ans, Leibniz publiait sa *Dissertation de Arte Combinatoria*[1], il prétendait avoir trouvé une branche nouvelle des mathématiques ayant des ramifications en logique, histoire, morale, métaphysique. Il y traitait toutes sortes de combinaisons : syllogismes, formes juridiques, couleurs, sons ; et il énonçait des combinaisons 2 par 2, 3 par 3, etc... qu'il écrivait : com2natio, com3natio, etc...

Dans le domaine des arts plastiques, l'idée n'était pas complètement nouvelle, puisque quelques années plus tôt Breughel l'Ancien numérotait les couleurs de ses personnages pour ensuite les jouer aux dés ; dans le domaine de la musique, on commençait à entrevoir des possibilités nouvelles, qui devaient inspirer Mozart pour son « Jeu Musical », sorte de fichier permettant à tous la composition aléatoire de valses, rondeaux et menuets. Mais qu'en est-il de la littérature ?

---

1. *Dissertatio de Arte Combinatoria*, édition J.-E. Erdmann (1666). Il est surprenant de constater que cet ouvrage fort rare, écrit en latin, n'a jamais été traduit à notre connaissance. Nous devons à l'obligeance de Y. Belaval certaines de ses références qui nous ont été précieuses pour l'inventaire de la littérature combinatoire.

Citons également un autre mathématicien célèbre, Léonard Euler, qui a suggéré des principes pour un Art combinatoire dans ses *Lettres à une princesse d'Allemagne sur divers sujets de physique et de philosophie*, édition Steidel (1770-1774), p. 27.

Il a fallu attendre 1961 pour que le mot même de *Littérature Combinatoire* soit lancé, sans doute pour la première fois, par François Le Lionnais, dans la postface des *Cent Mille Milliards de poèmes* de Raymond Queneau. La littérature, on connaît ; mais la combinatoire ? Les fabricants de dictionnaires et d'encyclopédies manifestent une couardise extrême lorsqu'il s'agit d'en donner une définition ; on ne saurait blâmer leur incolore imprécision, puisque des mathématiciens classiques, s'ils « sentent » que des problèmes sont de nature combinatoire, se montrent peu souvent enclins à étudier systématiquement et indépendamment les méthodes pour les résoudre.

Pour tenter de donner une définition plus précise, nous nous appuierons sur le concept de *configuration ;* on cherche une configuration chaque fois que l'on dispose d'un nombre fini d'objets, et qu'on veut les disposer de façon à respecter certaines contraintes fixées à l'avance ; les carrés latins, les géométries finies sont des configurations, mais aussi le rangement de paquets de tailles diverses dans un tiroir trop petit, ou la disposition de mots ou de phrases donnés à l'avance (à condition que les contraintes fixées soient suffisamment « astucieuses » pour que le problème soit véritable)[1]. De même que l'Arithmétique étudie les nombres entiers (avec les opérations classiques), que l'Algèbre étudie les opérations en général, que l'Analyse étudie les fonctions, que la Géométrie étudie les formes rigides et la Topologie celles qui ne le sont pas, la Combinatoire étudie, elle, les configurations. Elle veut

---

1. On pourrait mathématiser le concept de configuration en le définissant comme une *application d'un ensemble d'objets dans un ensemble abstrait fini muni d'une structure connue ;* par exemple une permutation de n objets est une « application bijective de l'ensemble des objets dans l'ensemble ordonné 1, 2,..., n ». Néanmoins, on ne s'intéresse qu'aux applications qui satisfont à certaines contraintes, et la nature de ces contraintes est trop variée pour pouvoir faire de cette définition la base d'une théorie générale.

démontrer l'existence de configurations d'un type voulu. Et si cette existence ne fait plus aucun doute, elle entreprend de les dénombrer (égalités ou inégalités de dénombrement), ou de les recenser (listing), ou d'en extraire une « optimale » (problème d'optimisation).

L'on ne s'étonnera donc pas qu'une étude systématique de ces problèmes ait dégagé un grand nombre de concepts mathématiques nouveaux, aisément transposables dans le domaine du langage, et que le prurit combinatoire ait exercé ses ravages au sein de l'Oulipo.

*

Quoique la première œuvre littéraire complète de nature franchement combinatoire soit les *Cent Mille Milliards de Poèmes*, quoique Raymond Queneau et François Le Lionnais soient les cofondateurs de l'Oulipo créé simultanément, il ne faudrait pas croire que la littérature combinatoire *soit* l'Oulipo.

Si l'on dissèque les tendances oulipiennes avec un scalpel suffisamment acéré, on voit apparaître trois courants : la première vocation oulipienne est sans doute « la recherche de structures nouvelles, qui pourront être utilisées par les écrivains de la façon qui leur plaira » ; ce qui signifie que l'on désire substituer aux *contraintes* classiques du type « sonnet » d'autres contraintes linguistiques : alphabétiques (poèmes sans e de G. Perec), phonétiques (rimes hétérosexuelles de Noël Arnaud), syntaxiques (romans isosyntaxiques de J. Queval), numériques (sonnets irrationnels de J. Bens), voire même sémantiques.

La seconde vocation oulipienne, sans rapports apparents avec la première, est la recherche de *méthodes de transformations automatiques* de textes ; par exemple, la méthode S + 7 de J. Lescure.

Enfin, la troisième vocation, celle qui nous intéresse

peut-être le plus, est la *transposition* dans le domaine des mots de concepts existants dans les différentes branches des mathématiques : Géométrie (poèmes tangents entre eux de Le Lionnais), Algèbre de Boole (intersection de deux romans, de J. Duchateau), Algèbre matricielle (multiplication de textes, de R. Queneau), etc...

C'est dans ce dernier courant que se situe la littérature combinatoire. Aiguisons encore quelque peu notre scalpel et détaillons-en quelques spécimens.

*

La forme la plus fruste, l'âge de pierre de la littérature combinatoire, il nous faut le signaler, c'est la *poésie factorielle*, dans laquelle certains éléments du texte peuvent être permutés *de toutes les façons possibles* au gré du lecteur (ou du hasard) ; le sens change, mais la correction syntaxique reste.

Déjà au xviiᵉ siècle, Harsdöffer publiait dans ses *Récréations* des distiques factoriels comme :

> *Ehr*, *Kunst*, *Geld*, *Guth*, *Lob*, *Weib* und *Kind*
> *Man* hat, *sucht*, *fehlt*, hofft und verschwind

Les 10 mots *italiques* peuvent être permutés de toutes les façons possibles par le récitant sans rien changer au rythme (car ils sont tous monosyllabiques) ; d'où 3 628 800 poèmes, différents et grammaticalement corrects (à condition de changer sucht et Sucht, fehlt et Fehl, man et Mann). Avec *n* mots à permuter, le nombre de possibilités serait « factorielle *n* », c'est-à-dire le nombre :

$$n! = 1 \times 2 \times \ldots \times n$$

FIGURE 1

Principe du graphe des Cent Mille Milliards de Poèmes
(tous les arcs et tous les sommets ne sont pas dessinés)

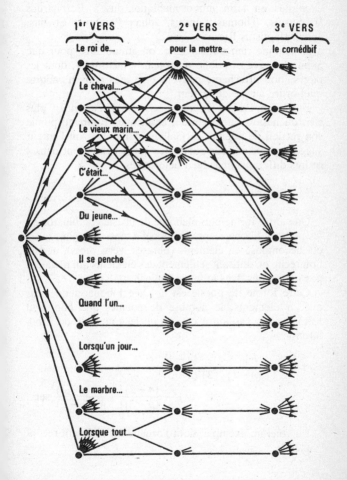

Cette forme de poésie semble d'ailleurs courante à l'époque où on l'appelait « poèmes protéiques » (Poetices Proteos), à la suite de Jules César Scaliger qui en serait le créateur. Leibniz, dans sa *Dissertatio*, cite de nombreux exemples en latin monosyllabique, dus à Bernhardus Bauhusius, Thomas Lansius, Johan Philippus Ebelius, Johan Baptistus Ricciolus, etc...

Et comme rien ne s'invente, on attend 1965 pour que Saporta écrive et publie un roman « factoriel », dont les pages, non attachées, peuvent être lues dans n'importe quel ordre au gré du lecteur.

Enfin, en 1967, l'Oulipo précisa qu'il n'attendait plus rien du hasard pur, débridé, et Jacques Roubaud publie son recueil de poèmes ∈ (Gallimard 1967) — où l'auteur suggère la lecture des 361 textes qui le composent dans 4 ordres différents mais bien déterminés.

*

Une autre forme plus élaborée de poésie combinatoire : les poèmes fibonacciens. On appelle ainsi un texte, qui a été décomposé en éléments (phrases, vers, mots), et que l'on récite en utilisant seulement des éléments qui n'étaient pas juxtaposés dans le texte original.

Cette forme de poésie est appelée Fibonaccienne, car avec n éléments, le nombre de poèmes que l'on peut former n'est pas autre chose que le « nombre de Fibonacci » :

$$F_n = 1 + \frac{n!}{1!\,(n-1)} + \frac{(n-1)!}{2!\,(n-3)!} + \frac{(n-2)!}{3!\,(n-5)!} + \frac{(n-3)!}{4!\,(n-7)!} + \ldots$$

En voici un exemple, dont l'origine est aisément reconnaissable :

Feu filant,
déjà sommeillant,
bénissez votre
os
je prendrai
une vieille accroupie
vivez les roses de la vie !

Malheureusement, il est difficile d'inventer des textes qui se prêtent à de telles manipulations ou des règles de saut qui leur conservent une qualité littéraire.

*

Dans les *Cent Mille Milliards de Poèmes*, Raymond Queneau introduit dix sonnets, de quatorze vers chacun, de façon à ce que le lecteur puisse à volonté remplacer chaque vers par l'un des 9 autres qui lui correspondent. Le lecteur peut ainsi composer lui-même $10^{14} = 100\,000\,000\,000\,000$ poèmes différents qui respectent tous les règles immuables du sonnet. Cette forme de poésie pourrait être appelée « exponentielle », car le nombre de poèmes de n vers que l'on pourrait obtenir avec la méthode Queneau est donné par la fonction exponentielle : 10^n. Toutefois, on peut aussi considérer chacun des cent mille milliards de poèmes comme un cheminement dans un graphe du type indiqué par la figure 1. Avec cette optique, on remarque que le lecteur chemine dans un graphe *sans circuits ;* c'est-à-dire qu'il ne peut jamais rencontrer deux fois le même vers dans un parcours respectant le sens des flèches.

Pour cette raison, nous avons proposé en 1966 la forme duale, l'antipode, c'est-à-dire les poèmes sur graphes *sans cocircuits ;* sans vouloir définir ici ce qu'est un cocircuit, disons que ces graphes sont caractérisés par la propriété qu'en partant d'un point quelconque, on peut toujours terminer en un point décidé à l'avance.

Considérons l'exemple simplifié de la figure 2.

Figure 2

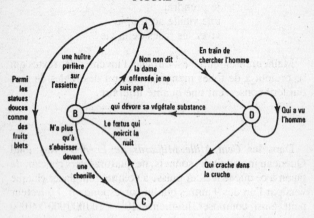

Les vers correspondant aux arcs qui arrivent au même point (ou qui en partent) ont été choisis en raison d'une contrainte bien précise ; par exemple, ceux qui aboutissent au point D contiennent tous le mot « homme », ceux qui en partent ont tous la même structure grammaticale, etc... Devant cette figure, le lecteur peut se donner a priori le point de départ et le point d'arrivée, et chercher « le plus court chemin ». Il peut également former des « poèmes hamiltoniens », qui correspondent à un cheminement rencontrant une fois et une fois seulement chacun des points. Ainsi, le chemin hamiltonien BADC donne :

« Non non dit la dame offensée je ne suis pas en train de chercher l'homme qui crache dans la cruche. »

On peut de même former des poèmes quasi eulériens, en cheminant sans passer deux fois par le même arc, et en maximisant le nombre d'arcs utilisés ; des concepts fondamentaux, purement mathématiques de la Théorie des Graphes donnent ainsi autant de contraintes... et le nombre de textes que l'on peut former à partir de la même figure est infini !

D'autres procédés de cheminement ont été proposés par Paul Braffort et François Le Lionnais, à la 79ᵉ réunion de Oulipo ; c'est encore à ce principe qu'il faut rattacher *Un conte à votre façon*, de Raymond Queneau. Ce texte, soumis à la 83ᵉ réunion de travail de l'Ouvroir de Littérature Potentielle, s'inspire de la présentation des instructions destinées aux ordinateurs, le lecteur ayant à chaque moment à sa disposition deux continuations, suivant que les aventures qui arrivent aux « trois alertes petits pois » lui conviennent ou non. Présenté sous forme de graphe bifurcant (figure 3), on y voit apparaître une imbrication de

FIGURE 3

Graphe bifurcant représentant la structure de
« Un conte à votre façon », *de Raymond Queneau*
(Lettres Nouvelles, juillet-septembre 1967)
(la représentation sagittale ci-dessous est due à Queneau)

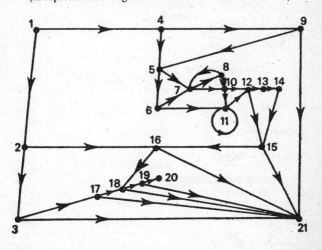

FIGURE 4

Graphes de la Relation ternaire : X prend Y pour Z
(Communication de Raymond Queneau
à la séance de l'OULIPO du 26 décembre 1965)

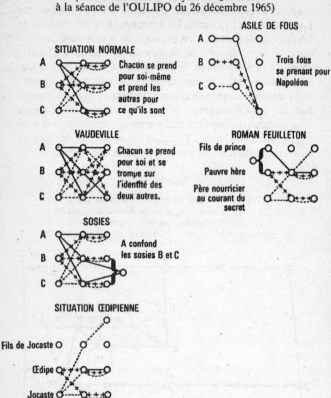

SITUATION NORMALE

Chacun se prend pour soi-même et prend les autres pour ce qu'ils sont

ASILE DE FOUS

Trois fous se prenant pour Napoléon

VAUDEVILLE

Chacun se prend pour soi et se trompe sur l'identité des deux autres.

ROMAN FEUILLETON

Fils de prince
Pauvre hère
Père nourricier au courant du secret

SOSIES

A confond les sosies B et C

SITUATION ŒDIPIENNE

Fils de Jocaste
Œdipe
Jocaste

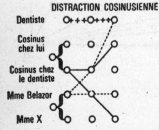

DISTRACTION COSINUSIENNE

Dentiste
Cosinus chez lui
Cosinus chez le dentiste
Mme Belazor
Mme X

circuits convergents, etc…, dont on pourrait analyser les propriétés en termes de la Théorie des Graphes…

Enfin, signalons que dans ses *Drailles* (Gallimard, 1968), Jean Lescure chemine agréablement dans un graphe d'ordre 4 :

> Feuille de rose porte d'ombre
> Ombre de feuille porte rose
> Feuille, porte l'ombre d'une rose
> Feuille rose à l'ombre d'une porte
> Toute rose ombre une porte de feuille
> …

*

Une autre forme de littérature, qui peut se prêter à des schémas riches en propriétés combinatoires, est ce qu'il est convenu d'appeler le *récit à tiroirs*. Depuis le célèbre roman de Potocki *Un manuscrit trouvé à Saragosse*, depuis surtout les romans à tiroirs d'Eugène Sue, certains auteurs ont fait intervenir des personnages qui racontent des aventures dans lesquelles interviennent d'autres héros bavards qui racontent d'autres aventures, ce qui conduit à toute une suite de récits encastrés les uns dans les autres. Dans ses poèmes, Raymond Roussel [1] allait jusqu'à ouvrir six fois consécutivement des parenthèses à l'intérieur de parenthèses.

Pour décrire ou dénombrer les agglomérations de parenthèses dans un monoïde, le logicien polonais Lukasiewicz a établi les bases d'une théorie mathématique ; c'est à cette théorie que nous nous référons dans la figure 6, où nous représentons par une arborescence bifurcante la structure

---

1. Voir à ce sujet l'étude que Jean Ferry lui a consacrée dans la revue *Bizarre*, n° 34-35, 1964.

du chant 1 des *Nouvelles Impressions d'Afrique* de Raymond Roussel. L'on remarque alors que cette arborescence est beaucoup moins complexe que celle qui se trouve sur la figure 7, par exemple... ce qui semble ouvrir la voie à une nouvelle direction de recherche pour l'Oulipo.

*

On ne pourrait clore ce petit inventaire sans mentionner la littérature *bi-latine* et les travaux commencés au sein de l'Oulipo par l'auteur avec Jacques Roubaud et Georges Perec. Depuis Euler, la Combinatoire s'est intéressée aux carrés bi-latins ; un *carré bi-latin d'ordre n*, c'est un tableau de $n \times n$ cases, rempli avec n lettres différentes et n chiffres différents, chaque case contenant une lettre et un chiffre, chaque lettre figurant une fois seulement dans chaque ligne et dans chaque colonne, chaque chiffre figurant une fois seulement dans chaque ligne et dans chaque colonne.

Un carré bi-latin d'ordre 10 est reproduit sur la figure 8 ; c'est d'ailleurs là un spécimen extrêmement rare, et il n'en existe à l'heure actuelle que deux connus. On s'est donc proposé d'écrire 10 récits (représentés par les 10 lignes du tableau) où figurent 10 personnages (représentés par les 10 colonnes du tableau) ; l'attribut de chaque personnage est déterminé par la lettre de la case correspondante ; son action est de même déterminée par le chiffre de la case correspondante.

Ces 10 récits contiennent donc toutes les combinaisons possibles de la façon la plus économique possible. En outre, ils se présentent comme l'application d'un siècle de recherches mathématiques ardues, puisque Euler conjecturait qu'un carré bi-latin d'ordre 10 ne pouvait exister, et qu'il a fallu attendre 1960 pour que Bose, Parker et Shrikhande le démentent...

FIGURE 5

Arbre représentatif de l'encastrement des parenthèses dans Raymond Roussel, Nouvelles Impressions d'Afrique, *chant I* (les chiffres entourés représentent le numéro d'ordre du vers où s'ouvre ou se ferme la parenthèse).

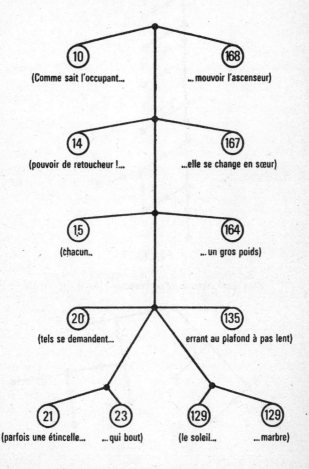

FIGURE 6

*Représentation par une arborescence bifurcante
du système de parenthèses précédent*

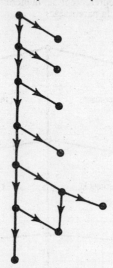

FIGURE 7

*Représentation par une arborescence bifurcante
d'un autre système de parenthèses :* [( )] { [( )] }

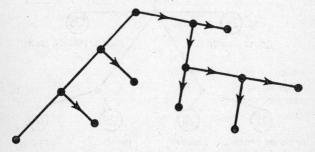

FIGURE 8

Spécimen du carré bi-latin d'ordre 10 ; les lettres représentent un attribut caractéristique : A = amoureux violent, B = bête à manger du foin, C = canaille, etc... Les chiffres représentent l'action dominante du personnage : 0 = ne fait rien, 1 = vole et assassine, 2 = se comporte d'une façon étrange et inexplicable ; etc...

	M. Demaison	Paul	Mme Demaison	Le comte de Bellerval	Archimède	Le poisson rouge	La Destinée	Valérie	Don Dièque	M. Membre
Conte n° 1	A_0	G_7	F_8	E_9	J_1	I_3	H_5	B_2	C_4	D_6
2	H_6	B_1	A_7	G_8	F_9	J_2	I_4	C_3	D_5	E_0
3	I_5	H_0	C_2	B_7	A_8	G_9	J_3	D_4	E_6	F_1
4	J_4	I_6	H_1	D_3	C_7	B_8	A_9	E_5	F_0	G_2
5	B_9	J_5	I_0	H_2	E_4	D_7	C_8	F_6	G_1	A_3
6	D_8	C_9	J_6	I_1	H_3	F_5	E_7	G_0	A_2	B_4
7	F_7	E_8	D_9	J_0	I_2	H_4	G_6	A_1	B_3	C_5
8	C_1	D_2	E_3	F_4	G_5	A_6	B_0	H_7	I_8	J_9
9	E_2	F_3	G_4	A_5	B_6	C_0	D_1	I_9	J_7	H_8
10	G_3	A_4	B_5	C_6	D_0	E_1	F_2	J_8	H_9	I_7

Comme on le voit, l'apport de la combinatoire aux domaines des mots, des rimes, des métaphores, est plus complexe qu'il ne paraît ; et l'on se sent loin des anagrammes des rhétoriqueurs ou des balbutiements des poètes protéiques.

Claude Berge.

LA RELATION X
PREND Y POUR Z

I

Comme l'a fait remarquer Paul Braffort à la réunion du 14-1-66, on peut représenter la relation ternaire « X prend Y pour Z » par une multiplication : XY = Z. On remplacera donc les « graphes » du 26-12-65 (se reporter à l'article précédent par Claude Berge), par des tables de multiplication (Voir II pour les difficultés).

Exemples :

Situation normale

	a	*b*	*c*
a	*a*	*b*	*c*
b	*a*	*b*	*c*
c	*a*	*b*	*c*

Situation vaudeville

	a	*b*	*c*
a	*a*	*c*	*b*
b	*c*	*b*	*a*
c	*b*	*a*	*c*

	Amphitryon J	M	Am	S	Al
Jupiter	J	M	Am	S	Al
Mercure	J	M	Am	S	Al
Amph.	J	M	Am	S	Al
Sosie	Am	S	Am	S	Al
Alcmène	Am	S	Am	S	Al

Si tout personnage se prend pour lui-même, c'est-à-dire si $a^2 = a$, $b^2 = b$, etc. et ne prend personne d'autre pour lui-même, c'est-à-dire si $ax \neq a$, $bx \neq b$, etc., alors il n'y a qu'une situation possible pour deux personnages, 12 pour 3 personnages, 108 pour quatre et d'une façon générale $(n-1)^{n-1}$, n pour n personnages $(n > 2)$.

On a l'intéressant théorème suivant :

La table de multiplication d'un groupe (abélien ou non) correspond à la situation suivante : personne ne se prend pour ce qu'il est, ni ne prend les autres pour ce qu'ils sont, à l'exception de l'élément unité qui se prend pour ce qu'il est et prend les autres pour ce qu'ils sont.

Autrement dit, la table de multiplication d'un groupe correspond à une situation à la fois vaudevillesque et démentielle vue par un observateur lucide (l'auteur par exemple).

Commutativité de la multiplication : La multiplication est commutative lorsque : $ab = ba = c$, c'est-à-dire lorsque Paul prend Jean pour Pierre et Jean prend Paul également pour Pierre (toujours dans le cas où personne ne se prend pour quelqu'un d'autre).

Exercice : Trouver des exemples concrets de cette situation dans la littérature théâtrale ou romanesque, française ou étrangère.

Exercices : Trouver des situations concrètes correspondant aux demi-groupes suivants étudiés par R. Croisot dans *Propriétés des complexes forts et symétriques des demi-groupes*, « Bull. Sté Mathématique de Fr. », t. 80 (1952), pp. 217-227.

	a	b	c	d
a	c	c	d	a
b	c	c	d	a
c	d	d	a	c
d	a	a	c	d

	a	b	c	d
a	a	a	a	a
b	a	a	a	c
c	a	a	a	a
d	a	c	a	b

	a	b	c
a	a	b	c
b	b	c	c
c	c	c	c

	a	b	c
a	a	c	c
b	c	b	c
c	c	c	c

II

On a supposé jusqu'ici que la multiplication était partout définie, ce qui n'est pas toujours le cas. Lorsqu'il y a des points isolés dans le « graphe », on peut convenir que le produit est alors 0.

Trois fous (a, b, c) *se prenant pour Napoléon* (n) *et chacun d'eux prenant les deux autres pour ce qu'ils sont :*

	a	b	c	n
a	n	b	c	a
b	a	n	c	b
c	a	b	n	c
n	0	0	0	0

Une autre convention pourrait être que n (fictif) prendrait a, b, c pour ce qu'ils sont et, d'autre part, que a, b, c prendraient n pour ce qu'il fut. On aurait alors :

	a	b	c	n
a	n	b	c	n
b	a	n	c	n
c	a	b	n	n
n	a	b	c	n

Œdipe.

		a	b	c	d
fils de Jocaste =	a	b	b	c	d
Œdipe =	b	0	b	c	d
père nourricier =	c	b	a	c	d
Jocaste =	d	0	b	c	d

Exercice. Trouver une formulation sans zéro de cette situation.

Raymond Queneau.
19 janvier 1966

LES STRUCTURES
DU ROMAN POLICIER
« QUI EST LE COUPABLE? »[1]

A

x EST CONNU DEPUIS LE DÉBUT PAR LE LECTEUR

A.1. *et par la police.* (Il s'agit de s'emparer de lui)

A.2. *mais pas par la police.* (Il s'agit de le démasquer)

B

x NE SERA CONNU QUE VERS LA FIN

B.1. *x est nommé sur la couverture du roman*

    B.1.*a.* *x* = l'auteur (qui n'est pas le narrateur)

    B.1.*b.* L'éditeur (Un conte humoristique de Wodehouse)

B.2. *x nommé dans le texte du roman*

    B.2.*a.* C'est un être humain ·

        B.2.*a.* 1) Sans intérêt particulier ni effet de surprise (Un vagabond, une vengeance, un intérêt, etc...)

        B.2.*a.* 2) *x* est sympathique et commet un acte légitime

            B.2.*a.*2.*a*) Un exécuteur

1. L'auteur remercie Jacques Bergier dont la contribution à l'établissement de cette liste a été précieuse.

B.2.*a*.2.*b*) Un justicier

B.2.*a*.2.*c*) Un homicide involontaire

      I – x le sait et le dissimule

     II – x ignore qu'il est le coupable

B.2.*a*.3) x semble insoupçonnable

    B.2.*a*.3.*a*) Parce qu'il ne connaît pas personnellement sa victime

       I – Un contribuable tue le ministre des finances pour faire changer les impôts

      II – Un piéton tue n'importe quel automobiliste

    B.2.*a*.3.*b*) Il connaît sa victime. $x = 1$

       I – Malade. Paralytique

      II – Enfant

     III – Un prêtre

     IV – Avocat

     V – Juge

    VI – Médecin légiste

    VII – Policier

   VIII – La victime (dont x a pris la place)

    IX – Une des victimes (que l'on croyait morte)

     X – Mort avant sa victime (machine infernale, etc...)

    XI – Un hypnotiseur

   XII – Un pousse au crime

  XIII – Un pousse au suicide

  XIV – Un roi. Un chef d'État

   XV – Le narrateur

  XVI – Un dédoublement de personnalité

 XVII – x = le coupable

    a) qui s'est assuré l'impunité en se faisant acquitter

          b) On ne le croit pas et il n'arrive pas à le prouver (cela rejoint B.2.*a*.2.*b*)

XVIII – x = achève la victime d'une agression de y lequel se croit le coupable

B.2.*a*.3.*c*) Il connaît sa victime : $x > 1$

      I – Une collectivité (Les voyageurs d'un train, etc...)

      II – Le gouvernement, la Société (Raison d'État)

      III – Ambiguïté (Le miroir obscur, la chambre ardente, etc...)

B.2.*a*.3.*d*) $x = 0$. C'était un suicide.

B.2.*b*. Ce n'est pas un être humain

  B.2.*b*.1) Solution naturelle

    B.2.*b*.1.*a*) Un animal (Le gorille de la rue Morgue, La Cyance Capillada d'une nouvelle de Conan Doyle, etc...)

    B.2.*b*.1.*b*) Un phénomène naturel (Météorite, etc...) Maladie

  B.2.*b*.2) Science Fiction

    B.2.*b*.2.*a*) Mutants terrestres (Virus intelligents, etc...)

    B.2.*b*.2.*b*) Visiteurs extra-terrestres

    B.2.*b*.2.*c*) Visiteurs du futur

  B.2.*b*.3) Solution surnaturelle

    B.2.*b*.3.*a*) Zombies. Loups-garous, etc...

    B.2.*b*.3.*b*) Pacte d'un homme avec le diable (Exemple Jack l'Éventreur en 1966)

    B.2.*b*.3.*c*) Satan (Incarné dans l'assassin)

    B.2.*b*.3.*d*) Dieu

C

ON NE SAURA JAMAIS QUI
C.1 Rappel de B.2.*a.c.* III (Ambiguïté. On a le choix entre
une solution rationnelle et une solution surnaturelle)
C.2. On hésite entre plusieurs personnes
C.3 On ne soupçonne personne

D

JAMAIS RÉALISÉ (à ma connaissance)
$x =$ le lecteur.

Le soussigné a découvert une solution rationnelle (ni
surnaturelle, ni rêvée) qui a été ou sera l'objet d'une
communication au cours d'une séance solennelle de l'Oulipo en attendant un écrivain qui veuille la mettre en
application.

Sans ce cas D qui n'a jamais été réalisé, chacun des
autres cas a servi de thème dans au moins une nouvelle ou
un roman.

François Le Lionnais.
12 janvier 69.

LECTURE MARGINALE
DE PETER CHENEY

Dans *Sinistres Rendez-vous* de Peter Cheney, je me suis intéressé, en premier lieu, aux répétitions de mots. Ces mots ne sont donc pas considérés en soi, leur signification n'entrant pas en ligne de compte ici.

Des mots répétés ; aussi des mots omis, c'est-à-dire des mots que l'auteur aurait dû normalement utiliser mais qu'il a mis, en quelque sorte, de côté — sans qu'une quelconque préoccupation de style puisse justifier ce parti pris — pour les employer seulement dans certains cas.

Cette double contrainte, omission-répétition, ne vise pas seulement à créer une certaine ambiance, mais se trouve en accord direct avec le déroulement des « événements ».

Exemples :

a) Le mot *tante* annonce un danger : la première femme que le héros rencontre prétend fortuitement être la *tante* de l'ami, disparu, du héros. Elle sera la « méchante » n° 1 de l'histoire. Le premier homme que le héros rencontrera sera, nous dit l'auteur, une *tante :* il a tué l'ami. Enfin la véritable *tante* dudit ami, une vieille dame, qui devrait aider le héros, agira contre lui.

b) Le héros présente son ami en insistant sur ses *vêtements,* à l'élégance sobre, et sur la *fine* qu'il boit (le héros c'est du whisky) ; pour la « tante » — assassin de l'ami — la *fine* et les *vêtements,* voyants, sont aussi mis en évidence.

Notons que, à la fin de la scène entre le héros et la « tante », le héros remarque la bague portée par la « tante » : elle appartenait à son ami.

c) Il est beaucoup question de *chapeaux,* et très peu de *cheminée.* La première fois, le héros prend son *chapeau* accroché au buste de Napoléon, sur une *cheminée.* Tout de suite après, la « méchante » N° 1 nous est décrite portant un *chapeau.* Quelques pages plus loin, le héros remarque, dans la chambre de la « méchante », la photo de celle-ci, sur la *cheminée.* Vers la fin du roman il sera de nouveau question de la *cheminée,* puisque c'est dans le cadre de la photo que se trouvent dissimulés les documents recherchés par le héros.

d) On fume énormément dans ce roman, le héros allume une cigarette à chaque page, il possède un *briquet,* or le mot *briquet* n'apparaît que dans des circonstances très précises :

1. Une fois lors de la rencontre du héros et de l'héroïne principale.

2. Une fois, lors de la visite d'une cave par le héros.

3. Trois fois lors du meurtre par le héros de la « tante », précisément dans la cave.

4. Trois fois lors de la découverte par le héros du meurtre d'un allié, dans la même cave.

5. Une fois lors de la prise de contact entre le héros et le tueur qui l'aidera à délivrer l'héroïne.

6. Une fois lors de la scène finale qui marque l'accord « total » entre le héros et la belle héroïne.

Bien sûr, d'autres romans nous fourniraient la preuve de l'utilisation, consciente ou non, de ces contraintes. Georges Ohnet, par exemple, dans *Le Maître de Forges,* utilise fréquemment les mots *fusil, canon, pistolet* ou *feu,* et seulement dans trois scènes qui, mises bout à bout,

résument assez bien le roman, on trouvera le mot *coup*
associé à l'un de ces mots.

*

La distribution des personnages dans *Sinistres Rendez-
vous,* est établie suivant un schéma qui sera respecté du
début à la fin.

Nous avons d'abord le héros (narrateur) et son ami mort.
Ce héros est entouré, d'une part, de personnages ambigus
(le héros ne sait pas s'il doit les prendre ou non pour des
adversaires, et lorsqu'ils se révèlent des adversaires une
certaine ambiguïté apparaît dans leur comportement,
ambiguïté qui pourrait tout remettre en question) ; d'autre
part, des personnages non ambigus, alliés ou adversaires.
En principe chaque « poste », dans chaque chapitre, est
occupé par un seul personnage : non-ambigu allié, ou
adversaire ; ambigu plutôt allié, plutôt adversaire. Au fil
des chapitres les « postes » se trouvent tenus par des
personnages différents. C'est, évidemment, la catégorie
des personnages ambigus qui est la plus riche, toute
l'histoire consistant à lever les ambiguïtés.

Signalons l'importance de l'ami mort dont le héros,
surtout, mais aussi tous les autres personnages s'occupent.
Cette disposition centrale, héros/personnage tout-puissant
mystérieux dont tout le monde s'occupe mais qui n'inter-
vient pas directement à l'intérieur de l'histoire, se retrouve
assez souvent, notamment dans « le Château » de Kafka
avec le rapport K/KLAMM.

Todorov, lors de son analyse des *Liaisons dangereuses,*
s'étonne de la faible intégration de Madame de Merteuil
dans le réseau des rapports entre les personnages. Peut-
être est-ce parce qu'elle est un personnage différent des
autres, parce qu'il faut la voir à travers Valmont, tout
comme Klamm à travers K. ; ou l'ami mort à travers le
héros de *Sinistres Rendez-vous.*

*

Les personnages de *Sinistres Rendez-vous* sont liés à des décors. Vers les deux tiers du roman l'apparition massive de nouveaux personnages coïncide avec l'apparition de nouveaux décors.

Les décors sont liés, aussi, à des événements : la cave et la mort donnée ou reçue par le héros. On peut remarquer que l'objet principal dans la cave est une caisse qui sert à dissimuler, provisoirement, les morts. Or à la fin, dans un autre décor, lors d'une autre mort (le héros est seulement témoin), il y aura aussi une caisse qui jouera un rôle important.

Il est possible, dans ce domaine du décor, de constater un phénomène semblable avec *Le Rouge et le Noir* de Stendhal.

La dernière scène d'amour entre Julien et Mme de Rênal et la première entre Julien et Mathilde se déroulent dans une chambre où le héros accède à l'aide d'une échelle, qu'il faudra cacher, et dont on parlera beaucoup.

La scène entre Julien et Mme de Rênal, fort réussie, se déroule dans une chambre plutôt hostile ; celle avec Mathilde, ratée, a pour cadre la chambre de la jeune fille.

On peut penser que le romancier aura tendance à situer une scène d'amour réussie dans un cadre hostile : *La Chartreuse de Parme,* grande scène d'amour entre Julien et Clélia dans la prison. Et vice versa.

Dans *Sinistres Rendez-vous,* Peter Cheney a choisi une voiture et un témoin gênant pour la scène finale entre le héros et l'héroïne (enfin ils s'entendent bien), alors que tout au long du livre ils ont passé leur temps à se suspecter en se rencontrant dans des chambres à coucher.

EN GUISE DE CONCLUSION

Disons, schématiquement, que :

a) les contraintes de vocabulaire pourraient renvoyer à Raymond Roussel,

b) celles de décors, personnages, situations à Georges Polti, auteur, il y a quarante ans, entre autres, des « 36 situations dramatiques ».

Le choix de contraintes très fortes dans l'un de ces domaines aura pour conséquences de rendre plus difficile l'utilisation des contraintes dans l'autre domaine. Il est peu probable que l'un des deux systèmes puisse exclure l'autre complètement.

Jacques Duchateau.
(1968)

*Utilisation de structures
déjà existantes*

HISTOIRE DU LIPOGRAMME

Dans les 21 ensembles recensés par Scholem dont la réunion forme les 5 livres du Zohar, le 16ᵉ est un monologue de Rabbi Siméon sur les lettres qui composent le nom de Dieu ; le dernier donne 70 interprétations du 1ᵉʳ mot de la Tora : Berechit.

Dans son *Éloge de la Cabbale*, Borges parle de « cette idée prodigieuse d'un livre impénétrable à la contingence ». S'il est vrai qu'au commencement était le Verbe et que l'Œuvre du Dieu s'appelle l'Écriture, chaque mot, chaque lettre appartiennent à la nécessité : le Livre est un réseau infini à tout instant parcouru par le Sens ; l'Esprit se confond avec la Lettre ; le Secret (le Savoir, la Sagesse) est une lettre cachée, un mot tu : le Livre est un cryptogramme dont l'Alphabet est le chiffre.

La fièvre exégétique des Cabbalistes semble s'être exercée dans trois directions principales. La première, ou *Gématrie*, s'intéresse à la valeur numérique des lettres (aleph = 1, beth = 2, gimmel = 3, etc) et rapproche les mots de totaux identiques. Son équivalent rhétorique le plus proche serait le chronogramme, où la lecture des chiffres romains contenus dans un vers détermine une date significative ; ce fut une des spécialités des couvents belges aux XVIIᵉ et XVIIIᵉ siècles ; André de Solre en enchâssa

1670, et un *Art du Chronogramme* fut publié à Bruxelles en 1718.

La seconde, ou *Notarikon*, considère chaque mot du Livre comme un sigle ; Agla voudrait dire Atha Gibor Leolam Adonaï. Chaque lettre du Livre n'est que la première lettre d'un mot et la Bible devient alors un gigantesque acrostiche inversé.

Pour la troisième, ou *Temurah*, le Livre est un anagramme qui recèle (je suppose quelque chose comme cent mille milliards de fois) le nom de Dieu...

Un écho considérablement affadi de ces préoccupations vertigineuses me semble résonner encore à propos du lipogramme.

Littré appelle lipogramme un « *ouvrage dans lequel on affecte de ne pas faire entrer une lettre particulière de l'alphabet* » ; Larousse dit, plus précisément : « *Œuvre littéraire dans laquelle on s'astreint à ne pas faire entrer une ou plusieurs lettres de l'alphabet.* » Apprécier la nuance qui existe entre « on affecte » et « on s'astreint » aurait pu constituer un des propos de cet article.

Lipogramme (et non pas l'hypogramme dont le sens serait voisin mais sans doute plus ambigu) ne veut pas dire « lettre graisseuse » et encore moins « un gramme de graisse ». Le radical *lipo* y vient de *leipo*, je laisse ; en dehors de dérivés de lipogramme (lipogrammatique, lipogrammatiste), il n'existe, à ma connaissance, qu'un seul autre mot français utilisant cette racine ; c'est lipothymie : perte de connaissance avec conservation de la respiration et de la circulation ; la lipothymie est le premier degré de la syncope.

Les Allemands disent *Leipogram* ou *Lipogram*, les Espagnols *Lipogramacia* ou *Lipograma*, les Anglais *Lipogram* ou, parfois, *Letter-dropping*. Ceci, bien entendu, quand ils le disent, car, la plupart du temps, ils ne le disent pas.

Absent chez Furetière et dans la première édition du Dictionnaire de l'Académie (1694), le mot apparaît dans le Dictionnaire de Trévoux (1704). L'Académie l'admet en 1762, puis le supprime en 1878.

Le *Robert* (qui, soit dit en passant, donne (T. 3, p. 436 ou, dans l'abrégé, p. 822) une définition *fausse* du *haïkaï*) ignore le mot. Le *Dictionnaire de poétique et de rhétorique* d'Henri Morier également.

Cette ignorance lexicographique s'accompagne d'une méconnaissance critique aussi tenace que méprisante. Uniquement préoccupée de ses grandes majuscules (l'Œuvre, le Style, l'Inspiration, la Vision du Monde, les Options fondamentales, le Génie, la Création, etc.), l'histoire littéraire semble délibérément ignorer l'écriture comme pratique, comme travail, comme jeu. Les artifices systématiques, les maniérismes formels (ce qui, en dernière analyse, constitue Rabelais, Sterne, Roussel...) sont relégués dans ces registres d'asiles de fous littéraires que sont les « Curiosités » : « Bibliothèque amusante... », « Trésor des Singularités... », « Amusements philologiques... », « Frivolités littéraires... », compilations d'une érudition maniaque où les « exploits » rhétoriques sont décrits avec une complaisance suspecte, une surenchère inutile et une ignorance crétine. Les contraintes y sont traitées comme des aberrations, des monstruosités pathologiques du langage et de l'écriture ; les œuvres qu'elles suscitent n'ont pas droit au statut d'œuvre : enfermées, une fois pour toutes et sans appel, et souvent par leurs auteurs eux-mêmes, dans leur prouesse et leur habileté, elles demeurent des monstres para-littéraires justiciables seulement d'une symptomatologie dont l'énumération et le classement ordonnent un dictionnaire de la folie littéraire.

Sans vouloir partager entre ce qui, dans l'écriture, est fou et ne l'est pas (la platitude est-elle une forme de la sagesse ?), l'on pourrait au moins rappeler que les maniérismes formels ont existé de tous temps et pas seulement, comme on feint de le croire, aux époques dites de décadence, ont parcouru toute la littérature occidentale (nous ne nous occuperons pas des autres ici), ont marqué tous les genres. La liste que l'Oulipo entreprend de dresser de ses « plagiaires par anticipation » a toutes les chances de finir par constituer un nouveau Dictionnaire Universel des Lettres.

L'on ne prétend pas que les artifices systématiques se confondent avec l'écriture, mais seulement qu'ils en constituent une dimension non négligeable. Au lieu de pourchasser l'on ne sait trop où l'ineffable, ne vaut-il pas mieux d'abord s'interroger sur la persistance du sonnet ? Et pourquoi oublierions-nous que le plus beau vers de la langue française est un vers monosyllabique ?

La majorité de ceux qui, lexicographes, bibliophiles ou historiens, ont parlé du lipogramme, l'ont généralement décrit comme : « un jeu puéril », « un tour de force inepte », « une manière de niaiser », « une triste sottise », « a misplaced ingenuity », « ein geistlöse Spielerei ».

La sévérité des appréciations a de quoi laisser rêveur. Sans aller jusqu'à Dinaux qui parle de « ces monuments de la sottise humaine », on apprendra, au hasard des compilations, qu'il est « vain et frivole de dresser la liste de pareilles fadaises » (Gausseron), qu'un lipogrammatiste n'a, en vérité, « rien à dire » (Raby), que leurs œuvres n'ont aucun mérite sinon par leur rareté bibliophilique (Canel), qu'il faut être un sot pour écrire des lipogrammes (Fournier fils) et que seul un pédant peut admirer de telles inepties (Boissonade).

Il faut soit se tourner vers l'histoire littéraire allemande (6, 10, 12, 13, 18), soit attendre l'OuLiPo (1, 17) ou les théoriciens de l'information (9, 16) pour qu'à cette dépréciation quasi unanime qui a tout dit du lipogramme quand elle a cité ce qu'en aurait dit Martial

Turpe est difficile habere nugas
Et stultus labor est ineptiarum

fasse place un intérêt un peu plus positif, justifié, me
semble-t-il, par ces trois constatations élémentaires :
   — le principe du lipogramme est d'une simplicité enfan-
     tine ;
   — son emploi peut s'avérer d'une très grande difficulté ;
   — son résultat n'est pas nécessairement spectaculaire.

L'histoire du lipogramme est difficile à reconstituer ; ses
sources sont dispersées et disparates ; de nombreuses
œuvres ont disparu ou sont introuvables dans le cadre
d'une recherche d'amateur ; pillages et plagiats pullulent,
d'où une identification parfois délicate des auteurs ; trois
Italiens ont écrit des textes différents mais portant le même
titre, *l'R sbandita; Los dos hermanos incognitos*, de
Navarette devient *Los dos hermanos* chez Zurita, et *Los
tres hermanos* chez Velez de Guevara ; les *Varios effectos
de amor*, d'Alcala y Herrera sont, la plupart du temps,
attribués à Isidro de Robles qui s'est contenté de les
recopier, ou à Lope de Vega, à Calderon ou même à
Cervantes !

Par ailleurs, n'importe quelle phrase, de n'importe quel
auteur, en n'importe quelle langue a toutes les chances
d'être lipogrammatique : un des versets des 7 psaumes de
la pénitence *Beati Quorum* n'a pas d'*a* ; la deuxième phrase
de *Rocambole* n'a, entre autres, ni *p*, ni *v* ; le 1er quatrain
des *Stances à la Marquise* de Corneille se passe de *b* et de *c* ;
une pensée d'Ingres n'a pas d'*i*, etc. La probabilité
lipogrammatique (qui est une des bases de la cryptogra-
phie) explique aisément l'existence d'un art inverse : l'art
pangrammatique, dont un exemple au moins est familier à
tous ceux qui ont ouvert une méthode de dactylographie
— « Portez ce vieux whisky au juge blond qui fume » — et
dont la difficulté semble suffisante pour que 6 vers pan-
grammatiques d'un auteur grec du XIIe aient suffi à nous
conserver son nom : Jean Tzetzes.

Le plus ancien lipogrammatiste serait Lasos d'Hermione
(on a parfois prétendu qu'il fut l'un des Sept Sages mais je

n'en crois rien) qui vécut durant la seconde moitié du
vi^e siècle (av. J.-C.) ce qui, selon Curtius, ferait du
lipogramme le plus ancien artifice systématique de la
littérature occidentale. Lasos n'aimait pas le Sigma ; il s'en
priva dans une *Ode aux Centaures*, dont il ne reste rien, et
dans un *Hymne à Demeter*, dont il reste le premier vers,
que voici tel que nous l'a transmis Athénée :

Δήμηαρα μέλπω Κοραν τέ Κλνμένοια άλοχον

L'Abbé Barthélemy, dont nous n'avons aucune raison de
mépriser l'opinion, estime que Lasos, qui était surtout
musicien, voulait ainsi éviter « le sifflement désagréable du
sigma » lequel aurait été par contre très recherché par
Euripide. Le lecteur intéressé trouvera dans Boissonade (3)
quelques exemples du sigmatisme d'Euripide.

Pindare, élève de Lasos qui lui aussi stigmatisait le
Sigma, écrivit également une Ode sans Sigma (et non sans
Zêta comme le prétend Gausseron dans l'article « lipogramme » de l'Encyclopédie de Berthelot). Il n'en reste
rien, mais Eustathe l'assure, d'après Cléarque, qui le
tiendrait d'Athénée.

Ces deux premiers exemples (si l'on peut appeler cela
des exemples) semblent en tout cas davantage relever
d'une sorte de purisme euphonique, une forme de contre-
allitération, plutôt que d'un goût réel pour la contrainte.

Après Pindare, les Grecs cessèrent-ils de s'intéresser à
leur alphabet ? Il faut attendre quelques siècles (négligeant
au passage d'incertaines *Métamorphoses* lipogrammatiques
de Parthenios de Nicée) pour, au iiie siècle de notre ère,
voir apparaître un nouveau lipogrammatiste, Nestor de
Laranda, dont l'ambition fut grandiose : comme tant
d'autres, Nestor récrivit *l'Iliade*, mais il se priva d'*alpha*
dans le premier chant, de *bêta* dans le second, de *gamma*
dans le troisième, et ainsi de suite jusqu'à l'extinction

conjointe de l'alphabet et de l'œuvre. On peut mesurer la difficulté de l'entreprise en songeant au rôle de la redondance et au poids des épithètes homériques ; on peut la minimiser en se rappelant qu'aucune lettre n'est irremplaçable et que seules deux ou trois sont vraiment essentielles.

Moins de deux cents ans plus tard, Tryphiodore de Sicile, un Grec d'Égypte, compléta la tentative de Nestor en s'attaquant, avec le même procédé, à *l'Odyssée*. Douze siècles plus tard, plus précisément le mardi 8 mai 1711, il s'attira la réprobation ironique d'Addison : ce devait être marrant, dit en substance Addison, de voir le mot le plus adéquat et le plus élégant de la langue rejeté comme un diamant défectueux (a diamond with a flaw in it) s'il s'avérait flétri par la lettre proscrite. On comprend mal pourquoi Addison s'en prend précisément à Tryphiodore, qu'il n'a jamais pu lire, puisque l'œuvre a disparu. Il ne reste rien non plus de *l'Iliade* de Nestor, ni des bien antérieures mais encore plus hypothétiques *Métamorphoses* de Parthenios. L'existence de ces œuvres (dont Leonicenus a dit que c'étaient des ouvrages « d'un grand travail, d'un esprit ingénieux, d'une inestimable industrie ») tient à un fragment d'Eustathe de Thessalonique repris, cinq siècles plus tard, dans cette colossale et fastidieuse compilation qu'on attribue à Suidas, auteur fictif s'il en fut ! Ce qui n'empêche pas Nestor et Tryphiodore d'être les plus connus, les plus cités des lipogrammatistes.

Le premier lipogramme attesté est le *De Aetatibus Mundi & Hominis* d'un grammairien latin, natif d'Égypte (v[e]), Fabius Planciades Fulgentius, connu aussi sous le nom de Fabius Claudius Gordianus Fulgentius (ou Gordien Fulgence). Il ne s'agit pas du saint.

Le *De Aetatibus* est un traité traitant de diverses choses sans intérêt. Il est divisé en 23 chapitres. Le premier est sans *a*, le second sans *b*, etc. Les 14 premiers chapitres ont

été conservés ; un Augustin, Jacques Hommey, les publia à
Paris, en 1696, sous le titre *Liber absque litteris historia. De
Aetatibus... absque a, absque z. Opus mirificum.* Une
seconde édition fut faite à Leipzig, en 1898, par Rudolf
Helm.

Vers le milieu du XIe siècle, Pierre de Riga, chanoine de
Sainte-Marie-de-Reims, traduisit la Bible en vers sous le
titre leirisien d'*Aurora* (parce qu'on y dissipe les obscurités
de l'Écriture). Chaque chant est suivi d'une « Repetitio
priorum sub compendio », c'est-à-dire d'un résumé, en
vers lipogrammatiques ; le résumé du 1er chant est sans *a*,
celui du 2e sans *b*, etc. L'œuvre eut un succès considérable,
puisqu'on en connaît encore aujourd'hui 250 manuscrits.
Polycarp Leyser en a donné une édition à Halle en 1721.

A peu près vers la même époque, le grammairien et
poète arabe Hariri s'exerça lui aussi au lipogramme, mais,
il faut bien le reconnaître, en amateur.

Ici finit ce que l'on pourrait appeler la première tradition
du lipogramme, celle qui produit une œuvre continue,
s'inspirant le plus souvent d'une œuvre mère (*l'Iliade,
l'Odyssée, la Bible*), divisée en autant de chapitres qu'il y a
de lettres dans l'alphabet qu'elle utilise, chaque chapitre se
privant d'une lettre.

Cette tradition, que je propose d'appeler totalitaire,
n'aura plus par la suite que des prolongements dégradés :
des ensembles de pièces distinctes dont la réunion forme un
alphabet sans qu'il y ait continuité d'une pièce à l'autre.
Citons, pour n'avoir plus à en parler, l'*Alfabeto distrutto* de
Cardone, les *Unterhaltende Geduldsproben...* » de F. A. C.
Keyser, les 26 quatrains de Gabriel Peignot où la brièveté
des pièces rend la contrainte presque nulle, les 66 sonnets
(3 alphabets) de Salomon Certon (Sedan, 1620), dont on
rappellera *a)* qu'intime de l'amiral de Coligny, il dut à un
miracle d'échapper à la Saint-Barthélemy, *b)* qu'il fut un
estimé traducteur d'Homère, et *c)* qu'il écrivit également
des sextines.

La seconde tradition du lipogramme décrit une histoire de la non-lettre *r*. Cette tradition, remarquablement stable des débuts du XVIIᵉ siècle à nos jours, caractérise presque exclusivement les lipogrammes allemands et italiens. Quelques rares auteurs se privèrent parfois d'autres lettres (Frey du *c*, Mullner du *m* et du *o*, Harsdorffer du *l* et du *m*, Caroline W. ou Otto Nebel qui supprimèrent de 9 à 12 consonnes) mais c'est le *r* et lui seul qui assure la continuité de la tradition ; ceci peut s'expliquer par le fait que le *r*, même s'il n'est pas la lettre la plus fréquente, a, en allemand au moins, un rôle « grammatical » essentiel ; son absence, montre Schulz-Besser (18) interdit tout recours à un relatif masculin (er, der, dieser, jener, welcher, usw...) ce qui constitue une contrainte assez forte.

La tradition s'implanta d'abord dans des sermons ou dissertations théologiques en latin : le *Xenium* de Andreas Prolaeus Pomeranus (1616), un Panégyrique de Janus Caecilius Frey, qui se prive à la fois du *r* et du *s* (1616), un anonyme sermon sur la naissance du Christ (Strasbourg, 1666). Des prédicateurs ou théologiens de langue allemande la continuèrent : Joachim Müllner, Erdmann Uhse, Johann Conrad Bonorand. Au XVIIIᵉ, la lettre fut reniée par les poètes, par Brockes d'abord, dont le poème *Auf ein starckes Ungewitter erfolgten Stille* comporte une séquence de 70 vers sans *r*, puis par Gottlob Wilhelm Burmann qui, moins chiche, en donna trois recueils entiers. On trouve encore une pièce sans *r* dans les poésies de Kempner (1903).

Pour le XIXᵉ, on trouve surtout des prosateurs : Franz Rittler (1813), Leopold Kolbe (1816), Christian Weise (1878), Paul von Schonthan (1883) et même le traducteur d'Hariri.

De tous ces projets, le plus ambitieux fut sans doute celui de Franz Rittler qui écrivit un roman de 198 pages, *Die*

Zwillinge (Les Jumeaux)[1]. Le principe même du lipogramme à coup sûr fascina Rittler puisque au dos de la
troisième édition de son roman (1820), il proposa en
souscription un ouvrage intitulé *Ottilie von Riesenstein* qu'il
se proposait d'écrire sans le secours ni du *a*, ni du *b*, ni du *c*,
ni du *ch*, ni du *ck*, entreprise courageuse dont, hélas, on ne
vit jamais le résultat.

L'école italienne dans sa totalité témoigna d'un profond
dégoût pour la lettre *r* et la plupart du temps pour elle
seule. A côté de quelques ouvrages mineurs (un conte de
Riccoboni, un discours de Luigi Casolini, une pièce anonyme représentée à Gênes en 1826) on trouve un poème de
1700 vers d'Orazio Fidele, *L'R sbandita sopra la potenza
d'amore nella quale si leggono mille e settecento versi senza
la lettera R* (Turin, 1633) dont le titre reprend celui d'un
poème antérieur, mais beaucoup plus court, du dominicain
Giovanni Nicole Ciminello Cardone (Naples, 1619) ; un
troisième *R sbandita*, un discours de Gregorio Leti, sera
publié à Bologne vingt ans plus tard (1653).

De stupides contempteurs disent que le poème d'Orazio
Fidele n'a aucun mérite, qu'il suffit de dire *Cupido* pour
Amore et *Cintia* pour *Venere* ; ils ajoutent, sournoisement,
que le poème a 1 541 vers et pas 1 700. Il n'empêche qu'on y
trouve un magnifique vers sans *e* :

> *D'Apollo fulmino l'incanto figlio*

et que dans une superbe préface, Orazio Fidele rappelle
que

> *E pure l'R è lettera dell'alfabeto, lettera che per tre,
> quattro parole che diciamo molte volte s'interviene.*

---

1. Rittler parle de jumeaux ; les Espagnols racontent aussi une histoire de
frères (los dos hermanos...) et *La Disparition* raconte les malheurs d'une
famille nombreuse : le thème des frères serait-il inhérent au lipogramme ?

Lettera che ancor che si possano tutte l'altre ella non può sfugirli. Hor si, che può dirsi qu'elle antico, & divulgato motto NATURA VINCITUR ARTE ».

C'est l'auteur lui-même qui met des majuscules.

La troisième tradition du lipogramme est la tradition vocalique, celle qui bannit les voyelles. Elle n'est pas nécessairement la plus difficile ; écrire sans *a* est badin en français, périlleux en espagnol ; c'est l'inverse pour l'*e*. La tradition vocalique se développa principalement en Espagne, accessoirement en France et en Angleterre.

La tradition espagnole repose principalement sur un auteur portugais, Alonso de Alcala y Herrera (12 sept. 1599-21 nov. 1682) qui publia, en 1641, à Lisbonne, un charmant in-8° intitulé

Varios efetos de amor, en cinco novelas exemplares, y nuevo artificio para escrivir prosa y versos sin una de las letras vocales.

On y trouve : *Los dos soles de Toledo*, sans *a* ; *la carroza con las damas*, sans *e* ; *la Perla de Portugal*, sans *i* ; *la peregrina ermintaña,* sans *o* ; et *la Serrana de Cintra,* sans *u*.

Cet ouvrage fut pillé par Isidro de Robles, sous le titre de *Varios effectos de Amor* (ou parfois *Varios Prodigios de Amor*), compilation rassemblant onze nouvelles de divers auteurs ; seules les cinq nouvelles d'Alcala y Herrera sont lipogrammatiques. L'ouvrage fut édité à Madrid, en 1666 ; j'en ai repéré 13 éditions, 10 à Madrid et 3 à Barcelone, la dernière datant de 1871. Divers auteurs, dont Peignot (15), attribuent cet ouvrage à Lope de Vega, sans doute parce qu'il est l'auteur d'une des six autres nouvelles compilées.

Joseph T. Shipley (*Playing with words*, 1960) l'attribue à Cervantes.

Il n'est pas impossible qu'avant Isidro de Robles, Alcala y Herrera ait déjà été pillé par Manuel Lorenzo de Lizarazu y Berbuizana qui publia en 1654 à Sarragosse *Triumfos de Amor*, *dos novelas singulares*.

La Quinta de Laura, de Castillo Solorzano (Madrid, 1649), se passe d'*y*. L'on trouve une *Chanson* sans *u* dans un des tout derniers romans picaresques, *Estebanillo Gonzales* (1646), surtout précieux par la description qu'il donne de l'espagnole soldatesque dans les Flandres.

Dans les *Flor de Sainetes* (Madrid, 1640) de Francisco Navarette y Ribera on trouve la *Novela de los tres hermanos*, *escrita sin el uso de la A*, qui fut rééditée seule à Séville, en 1665 sous le titre *Los dos hermanos incognitos. Novela singular escrita sin usar en toda ella de la letra A.* Entre-temps, Fernando Jacinto de Zurita y Haro signa, lui aussi, *Los dos hermanos* (sans *A*) à Madrid, en 1654. Et dans la 3ᵉ édition de *El Diablo coxuelo* de Luis Velez de Guevara (Madrid, 1733) on trouve une nouvelle sans *a* intitulée, on s'en doute, *Los tres hermanos*. Aucune explication satisfaisante n'a été donnée jusqu'à présent concernant la disparition ou la réapparition du troisième frère d'une édition à l'autre. Borges a également écrit *Los dos hermanos*, mais il s'agit d'une chanson, plus précisément d'une *milonga*, d'où semble absente toute préoccupation lipogrammatique.

En France, la tradition avocalique fut surtout épistolaire. P. H. M. Le Carpentier, « ancien militaire », publia en 1858, à Paris, chez Dentu, des *Essais lipogrammatiques et lettres originales familières et badines*. Il s'agit en fait de sa correspondance, consistant surtout en invitations à dîner ou en vœux de nouvel an. Dans son avant-propos, l'auteur note que

la voyelle e se rencontre dans la majeure partie
des mots les plus usuels de la langue, tels que...
père, mère, bienveillance... légèreté... jeune,
agréable, excellent... néanmoins... hélas... zest!

Ses huit lettres sans *e* sont, le plus souvent, de courts billets, parfois pourtant parcourus par une inspiration certaine. Dans la troisième, on trouve notamment ceci :

Nous bivouaquons dans Malakoff, ou plutôt,
ni vu ni connu, Malakoff a disparu rasibus,
nous bivouaquons là où il surgissait jadis,
si insultant (Vanitas vanitatum, omnia vanitas!)

Par contre, la lettre du 30 août 1857 recopie presque mot à mot la lettre sans *e* signée François Martin Frappart que venait de publier Simon Blocquel dans son *Trésor des Singularités* (1857) (2) et que l'on trouvait déjà dans les *Amusements philologiques* de Gabriel Peignot (1842) (15).

Peignot cite également des « lettres sans voyelles » d'un certain M. Marchant, publiées dans une *Encyclopédie méthodique* dont je n'ai pu retrouver la trace.

La seule tentative lipogrammatique (vocalique) de quelque consistance fut le fait d'un écrivain de la fin du XVIIe, l'abbé de Court (1658-1732), auteur de *Variétés ingénieuses* (Paris, 1725) où l'on trouve des lettres en monosyllabes, des poésies monorimes, des lettres à double sens, des bouts-rimés, des acrostiches, de très jolis tautogrammes (« Mazarin, ministre malade, méditait même moribond malicieusement mille maltôtes ») et cinq lettres à quatre voyelles ainsi circonstanciées :

Dans un cercle de Dames de la première qualité,
on fit un défi à l'auteur des lettres suivantes
de faire un discours non interrompu en retranchant
la voyelle E. Le même défi avait été auparavant

fait à la Cour sans qu'on pût y réussir. L'auteur
composa ces discours pour faire plaisir à la
compagnie, qui était pour lors à la campagne,
où l'on cherchait à se désennuier par mille occupations
innocentes et récréatives.

La lettre sans *e* raconte l'édifiante histoire d'un *courtisan qui passait à la cour pour un saint.* Préoccupé par l'idée de la mort (*n'oublions jamais l'instant fatal qui doit finir nos jours,* dit-il dans une troublante anticipation quenaldienne), il se consacre à l'abstinence (*quand il dînait, on lui apportait du pain fort noir*) et aux dévotions (*la nuit il faisait trois fois l'oraison*) ; à la fin, ayant distribué tous ses biens, *il garda pour lui un crucifix qu'il porta aux Capucins où il prit l'habit, mais il mourut au bout d'un an sans avoir fini son noviciat.*

Jacques Arago donna de son *Voyage autour du Monde* un résumé malingre qui se passait de *a.* Joseph Raoul Ronden fit jouer, le 18 septembre 1816, *la Pièce sans a.* On interrompit la représentation avant l'épilogue. Les motifs de l'auteur étaient pourtant nationaux : outré de ce que les journalistes anglais ne cessent de ridiculiser la langue française, la taxant de pauvreté sous prétexte qu'on y francise chaque jour quelques albionnes expressions, cet ancêtre d'Étiemble décida de prouver la richesse de sa langue en l'amputant d'un tiers ! La critique de l'époque vit *illico* dans cette explication un pur phénomène de rationalisation et accusa l'auteur de *s'ériger publiquement en ennemi, en proscripteur de la lettre qui entre si heureusement dans nos mots les plus doux.*

L'école anglo-saxonne compte peu d'auteurs, mais ils sont tous d'une remarquable virtuosité. En voici deux exemples anonymes parus dans des almanachs : le premier est un quatrain sans *e* qui est aussi un pangramme, puisqu'il contient toutes les autres lettres de l'alphabet

> *Quixotic boys who looks for joys*
> *Quixotic hazards run*
> *A lass annoying with trivial toys*
> *Opposing man for fun*

Le second est un quadruple lipogramme vocalique : l'auteur ne s'autorise qu'une seule voyelle ; voici quelques vers détachés des courtes poésies qu'il obtient :

> *War harms all ranks, all arts, all crafts appal!*
> *Idling, I sit in this mild twilight dim*
> *Whilst birds, in wild swift vigils, circling skim.*
> *Bold Ostrogoths show no horror of ghosts.*
> *Lucullus snuffs up musk, Mundungus shuns.*

Henry Richard Vassall-Fox Holland, troisième lord Holland, neveu de Fox et auteur d'une vie de Lope de Vega et de Guillen de Castro, publia dans le *Keepsake* de 1836, un texte de 3 pages, *Eve's Legend* où il n'admit que la voyelle *e*. A l'opposé, mais sur une beaucoup plus grande échelle, un marin américain, Ernest Vincent Wright (1872-1939), publia, à Los Angeles, l'année de sa mort, *Gadsby ; a story of over 50 000 words without using the letter E.*

Voici à peu près achevée l'histoire du lipogramme. On peut s'étonner de n'y voir figurer aucun des Grands Rhétoriqueurs ; on pourrait l'expliquer en rappelant qu'un acrostiche, un bout-rimé, un tautogramme sont toujours spectaculaires alors qu'un lipogramme ne se remarque pas, à tel point que la plupart du temps l'omission est annoncée dès le titre. Un lipogramme qui ne s'annoncerait pas comme tel (mais cela peut-il se concevoir ?) aurait toute chance de passer inaperçu.

Cette propriété, qui donne au lipogramme une place à part parmi les artifices systématiques, mériterait sans doute qu'on étudie de plus près les qualités du lipogramme : ce qu'il entraîne et ce qu'il produit. Ce ne saurait évidemment être mon propos. Tout au plus puis-je pour finir préciser une définition du lipogramme en en excluant deux formes à mon sens hérétiques.

La première bannit non la lettre, mais le son, Josef Weinheber publie un poème « ohne E » qui commence superbement

Sprachmacht alt, im Atta unsar braust

mais dès la deuxième ligne on trouve « dein », « Ur-Teil », puis « die », « frei », « wie », « bleicht », « Heil » et pour finir « Reich » : on se demande en quoi il s'agit d'un poème sans *e* ; peut-être n'a-t-il pas pu dire « Hitler » ?

La seconde hérésie serait la liponomie : elle s'interdit l'emploi d'un mot. C'est une forme classique du purisme : Gomberville, Coeffeteau, Béroalde de Verville évitèrent comme la peste la conjonction « car » ; Henry de Chennevières écrivit des *Contes sans qui ni que*. La liponomie peut, évidemment, devenir contraignante : on sait que Conrad s'est astreint à écrire tout un roman d'amour sans une seule fois écrire le mot « love » ; une romancière anglaise contemporaine s'est, de même, interdit tout recours aux diverses formes et dérivés de « to be » : on voit que les mots proscrits sont des mots lourds de sens et que leur omission ne sera jamais que le prétexte de paraphrases et de métaphores obstinément orientées.

En ce sens, la suppression de la lettre, du signe typographique, du support élémentaire, est une opération plus neutre, plus nette, plus décisive, quelque chose comme le degré zéro de la contrainte, à partir duquel tout devient possible.

Georges Perec.

BIBLIOGRAPHIE

1. Bens, J., *Guide des jeux d'esprit*, Paris, Albin Michel, 1967.
2. Blocquel, S., *Trésor des singularités en tous genres et de philologie amusante*, Paris, Delorme, 1857.
3. Boissonade, J. F., *Sur les poésies figurées et autres ouvrages singuliers des Anciens*, II. *Journal de l'Empire*, 27-XII-1806.
4. Canel, A., *Recherches sur les jeux d'esprit, les singularités et les bizarreries littéraires principalement en France*, Évreux, Aug. Hérissey, 1867, 2 vol.
5. Chalon, R., *Nugae difficiles*, Bruxelles, A. Van Dale, 1844.
6. Curtius, E. R., *Europaïsche Literatur und Lateinisches Mittelalter*, Berne, 1948.
7. D'Israeli, I., *Curiosities of Literature*, Paris, Baudry, 1835.
8. Dobson, W. T., *Literary frivolities, fancies, follies and frolics*, Londres, Chatto & Windus, 1880.
9. Friedman, W. F. & Friedman, E. S., *The Shakespearian Ciphers examined*, Cambridge University Press, 1957.
10. Hocke, G. R., *Manierismus in der Literatur. Sprach-Alchimie und esoterische Kombinationskunst*, Hambourg, Rowohlt, 1959.
11. Lalanne, L., *Curiosités littéraires*, Paris, Paulin, 1845.
12. Lausberg, H., *Handbuch der literarische Rhetorik*, Munich, M. Hueber, 1960, 2 vol.
13. Liede, A., *Dichtung als Spiel. Studien zur Unsinnspoesie an den Grenzen der Sprache*, Berlin, W. de Gruyter, 1963, 2 vols.
14. Niceron, J. P., *Bibliothèque amusante*, Paris, 1753.
15. Peignot, G., *Amusements philologiques*, Dijon, Lagier, 1842.
16. Pierce, J. R., *Symboles, Signaux et Bruits*, Paris, Masson, 1965.
17. Queneau, R., *Bâtons, chiffres et lettres*, Paris, Gallimard, 1965.
18. Schulz-Besser, E., *Deutsche Dichtungen ohne den Buchstaben R. Ztschr. f. Bücherfreund.*, 1909-1910 ; *n. f. I* : 382-389.
19. Walsh, W. S., *Handy Book of literary Curiosities*, Londres, W. W. Gibbings, 1893.

UN ROMAN LIPOGRAMMATIQUE

> *Sur l'ambition qui, tout au long du*
> *fatigant roman[1] qu'on a, souhaitons-*
> *nous, lu sans trop d'omissions, sur*
> *l'ambition, donc, qui guida la main du*
> *scrivain.*

L'ambition du « Scriptor », son propos, disons son souci, son souci constant, fut d'abord d'aboutir à un produit aussi original qu'instructif, à un produit qui aurait, qui pourrait avoir un pouvoir stimulant sur la construction, la narration, l'affabulation, l'action, disons d'un mot, sur la façon du roman d'aujourd'hui.

Alors qu'il avait surtout, jusqu'alors, discouru sur sa situation, son moi, son autour social, son adaptation ou son inadaptation, son goût pour la consommation allant, avait-on dit, jusqu'à la chosification, il voulut, s'inspirant d'un support doctrinal au goût du jour qui affirmait l'absolu primat du signifiant, approfondir l'outil qu'il avait à sa disposition, outil qu'il utilisait jusqu'alors sans trop souffrir, non pas tant qu'il voulût amoindrir la contradiction frappant la scription, ni qu'il l'ignorât tout à fait, mais

---

1. *La Disparition,* par Georges Perec, Paris, Denoël, 1969.

plutôt qu'il croyait pouvoir s'accomplir au mitan d'un acquis normatif admis par la plupart, acquis qui, pour lui, constituait alors, non un poids mort, non un carcan inhibant, mais, grosso modo, un support stimulant.

D'où vint l'obligation d'approfondir ? Plus d'un fait, à coup sûr, la motiva, mais signalons surtout qu'il s'agit d'un hasard, car, au fait, tout partit, tout sortit d'un pari, d'un a priori dont on doutait fort qu'il pût un jour s'ouvrir sur un travail positif.

Puis son propos lui parut amusant, sans plus ; il continua. Il y trouva alors tant d'abords fascinants qu'il s'y absorba jusqu'au fond, abandonnant tout à fait moult travaux parfois pas loin d'aboutir.

Ainsi naquit, mot à mot, *noir sur blanc*, surgissant d'un canon d'autant plus ardu qu'il apparaît d'abord insignifiant pour qui lit sans savoir la solution, un roman qui, pour biscornu qu'il fût, illico lui parut plutôt satisfaisant : D'abord, lui qui n'avait pas pour un carat d'inspiration (il n'y croyait pas, par surcroît, à l'inspiration !) il s'y montrait au moins aussi imaginatif qu'un Ponson ou qu'un Paulhan ; puis, surtout, il y assouvissait, jusqu'à plus soif, un instinct aussi constant qu'infantin (ou qu'infantil) : son goût, son amour, sa passion pour l'accumulation, pour la saturation, pour l'imitation, pour la citation, pour la traduction, pour l'automatisation.

Puis, plus tard, s'assurant dans son propos, il donna à sa narration un tour symbolisant qui, suivant d'abord pas à pas la filiation du roman puis pour finir la constituant, divulguait, sans jamais la trahir tout à fait, la Loi qui l'inspirait, Loi dont il tirait, parfois non sans friction, parfois non sans mauvais goût, mais parfois aussi non sans humour, non sans brio, un filon fort productif, stimulant au plus haut point l'innovation.

Il comprit alors qu'à l'instar d'un Frank Lloyd Wright construisant sa maison, il façonnait, mutatis mutandis, un produit prototypal qui, s'affranchissant du parangon trop admis qui commandait l'articulation, l'organisation, l'imagination du roman français d'aujourd'hui, abandonnant à tout jamais la psychologisation qui s'alliant à la moralisation constituait pour la plupart l'arc-boutant du bon goût national, ouvrait sur un pouvoir mal connu, un pouvoir dont on avait fait fi, mais qui, pour lui, mimait, simulait, honorait la tradition qui avait fait un *Gargantua*, un *Tristam Shandy*, un *Mathias Sandorf*, un *Locus Solus*, ou — pourquoi pas ? — un *Bifur* ou un *Fourbis*, bouquins pour qui il avait toujours rugi son admiration, sans pouvoir nourrir l'illusion d'aboutir un jour à un produit s'y approchant par la jubilation, par l'humour biscornu, par l'incisif plaisir du bon mot, par l'attrait du narquois, du paradoxal, du stravagant, par l'affabulation allant toujours trop loin.

Ainsi, son travail, pour confus qu'il soit dans son abord initial, lui parut-il pourvoir à moult obligations : d'abord il produisait un « vrai » roman, mais aussi il s'amusait (Ramun Quayno, dont il s'affirmait l'obscur famulus, n'avait-il pas dit jadis : « L'on n'inscrit pas pour assombrir la population » ?), mais, surtout, ravivant l'insinuant rapport fondant la signification, il participait, il collaborait, à la formation d'un puissant courant abrasif qui, critiquant ab ovo l'improductif substratum bon pour un Troyat, un Mauriac, un Blondin ou un Cau, disons pour un godillot du Quai Conti, du Figaro ou du Pavillon Massa, pourrait, dans un prochain futur, rouvrir au roman l'inspirant savoir, l'innovant pouvoir d'un attirail narratif qu'on croyait aboli !

Georges Perec.

P. S. : Il est intéressant de signaler que plusieurs critiques, rendant compte de ce livre, ne se sont pas aperçus — au cours de ces 312 pages — de la « disparition » de la lettre E.

LIPOGRAMME EN E

Au son d'un ocarina qui jouait *l'Or du Rhin*, Ali Baba, un pacha nain plus lourd qu'un ours, un gros patapouf, baffrait riz, pois, macaroni gisant dans un jus suri, un jus qui aurait trop bouilli, un jus qui aurait acquis un goût ranci ou moisi. Sous son divan, son chat goûtait à son mou. Ali Baba rota, puis il avala un rôti. Bon, dit-il, allons-y. Hardi, il prit son fusil, son arc, son bazooka, son tambour. Il allait, battant champs, bois, monts, vallons, montant son dada favori. Sans savoir où il irait ainsi, il chassa un lion qui, à coup sûr, broutait l'ananas dans la pampa ; l'animal croyait qu'il y avait alluvion sous roc. Ali Baba cria : à quoi bon ? Avait-il la solution du truc ? du machin ? Il aurait fallu pour ça l'addition, la soustraction, la multiplication, la division. Il ajouta trois à cinq, il trouva huit ; il ajouta six à un, il trouva huit moins un. Quoi, dit l'idiot abruti, un calcul ? Il tua Ali Baba ; quant au lion, il courut si fort qu'il mourut.

Raymond Queneau.

LIPOGRAMME
EN A, EN E ET EN Z

Ondoyons un poupon, dit Orgon, fil d'Ubu. Bouffons
choux, bijoux, poux, puis du mou, du confit, buvons non
point un grog : un punch. Il but du vin itou, du rhum, du
whisky, du coco, puis il dormit sur un roc. Un bruit du ru
couvrit son son. Nous irons sous un pont où nous pourrons
promouvoir un dodo, dodo du poupon du fils d'Orgon fils
d'Ubu. Un condor prit son vol. Un lion riquiqui sortit pour
voir un dingo. Un loup fuit. Un oppossum court. Où vont-
ils ? L'ours rompit son cou. Il souffrit. Un lis croît sur un
mur : voici qu'il couvrit orillons ou goulots du cruchon ou
du pot pur stuc. Ubu pond son poids d'or.

Raymond Queneau.

TRADUCTIONS LIPOGRAMMATIQUES
DE POÈMES BIEN CONNUS

VOCALISATIONS

A noir (un blanc), I roux, U safran, O azur :
Nous saurons au jour dit ta vocalisation :
A, noir carcan poilu d'un scintillant morpion
Qui bombinait autour d'un nidoral impur,

Caps obscurs ; Qui cristal du brouillard ou du taud,
Harpons du fjord hautain, rois blancs, frissons d'anis ?
I, carmins, sang vomi, riant ainsi qu'un lis
Dans la punition d'un courroux, d'un sanglot ;

U, vibrations, ronds divins du flot marin,
Paix du pâtis tissu d'animaux, paix du fin
Sillon qu'un fol savoir aux grands fronts imprima ;

O, finitif Clairon aux accords d'aiguisoir,
Soupirs ahurissant Nadir ou Nirvana :
— O l'omicron, rayon violin dans son Voir !

Arthur Rimbaud.

NOS CHATS

Amants brûlants d'amour, Savants aux pouls glaciaux
Nous aimons tout autant dans nos saisons du jour
Nos chats puissants mais doux, honorant nos tripots
Qui, sans nous, ont trop froid, nonobstant nos amours.

Ami du Gai Savoir, ami du doux plaisir
Un chat va sans un bruit dans un coin tout obscur
Oh Styx, tu l'aurais pris pour ton poulain futur
Si tu avais, Pluton, aux Sclavons pu l'offrir !

Il a, tout vacillant, la station d'un hautain
Mais grand Sphinx somnolant au fond du Sahara
Qui paraît s'assoupir dans un oubli sans fin :

Son dos frôlant produit un influx angora
Ainsi qu'un diamant pur, l'or surgit, scintillant
Dans son voir nictitant divin, puis triomphant.

Un fils adoptif du Commandant Aupick.

PALINDROME

[Un palindrome se lit dans les deux sens : ROMA-AMOR est le plus classique. La langue française se prête au palindrome. Dimitri A. Borgmann, dans *Language on Vacation* (1965), en cite un (en cette langue) de soixante-trois lettres qu'il qualifie de « splendid ». Que dire alors du texte ci-dessous qui en comporte plus de cinq mille ?]

9691

EDNA D'NILU

O, MÛ, ACÉRÉ, PSEG ROEG

Trace l'inégal palindrome. Neige. Bagatelle, dira Hercule. Le brut repentir, cet écrit né Perec. L'arc lu pèse trop, lis à vice-versa.

Perte. Cerise d'une vérité banale, le Malstrom, Alep, mort édulcoré, crêpe porté de ce désir brisé d'un iota. Livre si aboli, tes sacres ont éreinté, cor cruel, nos albatros. Être las, autel bâti, miette vice-versa du jeu que fit, nacré, médical, le sélénite relaps, ellipsoïdal.

Ivre il bat, la turbine bat, l'isolé me ravale : le verre si obéi du Pernod — eh, port su ! — obsédante sonate teintée d'ivresse.

Ce rêve se mit — peste ! — à blaguer. Beh ! L'art sec n'a si peu qu'algèbre s'élabore de l'or évalué. Idiome étiré, hésite, bâtard replié, l'os nu. Si, à la gêne secrète — verbe nul à l'instar de cinq occis —, rets amincis, drailles inégales, il, avatar espacé, caresse ce noir Belzebuth, œil offensé, tire !

L'écho fit (à désert) : Salut, sang, robe et été.

Fièvres.

Adam, rauque ; il écrit : Abrupt ogre, eh, cercueil, l'avenir tu, effilé, génial à la rue (murmure sud eu ne tire vaseline séparée ; l'épeire gelée rode : Hep, mortel ?) lia ta balafre native.

Litige. Regagner (et ne m'…).

Ressac. Il frémit, se sape, na ! Eh, cavale ! Timide, il nia ce sursaut.

Hasard repu, tel, le magicien à morte me lit. Un ignare le rapsode, lacs ému, mixa, mêla :

Hep, Oceano Nox, ô, béchamel azur ! Éjaculer ! Topaze !

Le cèdre, malabar faible, Arsinoë le macule, mante ivre, glauque, pis, l'air atone (sic). Art sournois : si, médicinale, l'autre glace (Melba ?) l'un ? N'alertai ni pollen (retêter : gercé, repu, denté…) ni tobacco.

Tu, désir, brio rimé, eh, prolixe nécrophore, tu ferres l'avenir velu, ocre, cromant-né ?

Rage, l'ara. Veuglaire. Sedan, tes elzévirs t'obsèdent. Romain ? Exact. Et Nemrod selle ses Samson !

Et nier téocalli ?

Cave canem (car ce nu trop minois — rembuscade d'éruptives à babil — admonesta, fil accru, Têtebleu ! qu'Ariane évitât net.

Attention, ébénier factice, ressorti du réel. Ci-gît. Alpaga, gnôme, le héros se lamente, trompé, chocolat : ce laid totem, ord, nil aplati, rituel biscornu ; ce sacré bedeau (quel bât ce Jésus !). Palace piégé, Torpédo drue si à fellah tôt ne peut ni le Big à ruer bezef.

L'eugéniste en rut consuma d'art son épi d'éolienne ici rot (eh... rut ?). Toi, d'idem gin, élèvera, élu, bifocal, l'ithos et notre pathos à la hauteur de sec salamalec ?

Élucider. Ion éclaté : Elle ? Tenu. Etna but (item mal famé), degré vide, julep : macédoine d'axiomes, sac semé d'École, véniel, ah, le verbe enivré (ne sucer ni arrêter, eh ça jamais !) lu n'abolira le hasard ?

Nu, ottoman à l'écho, l'art su, oh, tara zéro, belle Deborah, ô, sacre ! Pute, vertubleu, qualité si vertu à la part tarifé (décalitres ?) et nul n'a lu trop s'il séria de ce basilic Iseut.

Il a prié bonzes, Samaritain, Tora, vilains monstres (idolâtre DNA en sus) rêvés, évaporés :

Arbalète (bètes) en noce du Tell ivre-mort, émeri tu : O, trapu à elfe, il lie l'os, il lia jérémiade lucide. Petard ! Rate ta reinette, bigleur cruel, non à ce lot ! Si, farcis-toi dito le cœur !

Lied à monstre velu, ange ni bête, sec à pseudo délire : Tsarine (sellée, là), Cid, Arétin, abruti de Ninive, Déjanire...

Le Phenix, éve de sables, écarté, ne peut égarer racines radiales en mana : l'Oubli, fétiche en argile.

Foudre.

Prix : Ile de la Gorgone en roc, et, ô, Licorne écartelée, Sirène, rumb à bannir à ma (Red n'osa) nière de mimosa :

Paysage d'Ourcq ocre sous ive d'écale ;

Volcan. Roc : tarot celé du Père.

Livres.

Silène bavard, replié sur sa nullité (nu à je) belge : ipséité banale. L' (eh, ça !) hydromel a ri, psaltérion. Errée Lorelei...

Fi ! Marmelade déviré d'Aladine. D'or, Noël : crèche

(l'an ici taverne gelée dès bol…) à santon givré, fi !, culé de
l'âne vairon.

Lapalisse élu, gnoses sans orgueil (écru, sale, sec).
Saluts : angiome. T'es si crâneur !

                          *

Rue. Narcisse ! Témoignas-tu ! l'ascèse, là, sur ce lieu
gros, nasses ongulées…

S'il a pal, noria vénale de Lucifer, vignot nasal (obsédée,
le genre vaticinal), eh, Cercle, on rode, nid à la dérive,
Dédale (M…!) ramifié ?

Le rôle erre, noir, et la spirale mord, y hache l'élan
abêti : Espiègle (béjaune) Till : un as rusé.

Il perdra. Va bene.

Lis, servile repu d'électorat, cornac, Lovelace. De visu,
oser ?

Coq cru, ô, Degas, y'a pas, ô mime, de rein à sonder : à
marin nabab, murène risée.

Le trace en roc, ilote cornéen.

O, grog, ale d'elixir perdu, ô, feligrane ! Eh, cité, fil bu !

Oh ! l'anamnèse, lai d'arsenic, arrérage tué, pénétra ce
sel-base de Vexin. Eh, pèlerin à (Je : devin inédit) urbanité
radicale (elle s'en ira…), stérile, dodu.

Espaces (été biné ? gnaule ?) verts.

Nomade, il rue, ocelot. Idiot-sic rafistolé : canon ! Leur
cruel gibet te niera, têtard raté, pédicule d'aimé rejailli.

Soleil lie, fléau, partout ire (Métro, Mer, Ville…) tu
déconnes. Été : bétel à brasero. Pavese versus Neander-
tal ! O, diserts noms ni à Livarot ni à Tir ! Amassez.

N'obéir.

Pali, tu es ici : lis abécédaires, lis portulan : l'un te sert-
il ? A ce défi rattrapa l'autre ? Vise-t-il auquel but rêvé tu
perças ?

Oh, arobe d'ellébore, Zarathoustra ! L'ohcéan à mot
(Toundra ? Sahel ?) a ri : Lob a nul si à ma jachère, terrain

récusé, nervi, née brève l'haleine véloce de mes cassemoix a (Déni, ô!) décampé.

Lu, je diverge de ma flamme titubante : une telle (étal, ce noir édicule cela mal) ascèse drue tua, ha, l'As.

Oh, taper! Tontes! Oh, tillac, ô, fibule à rêve : l'Énigme (d'idiot tu) rhétoricienne.

Il, Œdipe, Nostradamus nocturne et, si né Guelfe, zébreur à Gibelin tué (pentothal?), le faiseur d'ode protège.

Ipéca… : lapsus.

Eject à bleu qu'aède berça sec. Un roc si bleu! Tir. *ital.* : palindrome tôt dialectal. Oc? Oh, cep mort et né, mal essoré, hélé. Mon gag aplati gicle. Érudit rosse-récit, ça freine, benoit, net.

Ta tentative en air auquel bète, turc, califat se (nom d'Ali-Baba!) sévit, pure de — d'ac? — submersion importune, crac, menace, vacilla, co-étreinte…

Nos masses, elles dorment? Etc… Axé ni à mort-né des bots. Rivez! Les Etna de Serial-Guevara l'égarent. N'amorcer coulevrine.

Valser. Réfuter.

Oh, porc en exil (Orphée), miroir brisé du toc cabotin et né du Perec : Regret éternel. L'opiniâtre. L'annulable.

Mec, Alger tua l'élan ici démission. Ru ostracisé, notarial, si peu qu'Alger, Viet-Nam (élu caméléon!), Israël Biafra, bal à merde : celez, apôtre Luc à Jéruzalem, ah ce boxon! On a écopé, ha, le maximum!

Escale d'os, pare le sang inutile. Métromane ici gamelle, tu perdras. Ah, tu as rusé! Cain! Lied imité, la vache (à ne pas estimer) (flic assermenté, rengagé) régit.

Il évita, nerf à la bataille trompé.

Hé, dorée, l'Égérie pelée rape, sénile, sa vérité nue du sérum : rumeur à la laine, gel, if, feutrine, val, lieu-crèche, ergot, pur, Bâtir ce lieu qu'Armada serve : if étété, éborgnas-tu l'astre sédatif ?

Oh, célérités ! Nef ! Folie ! Oh, tubez ! Le brio ne cessera, ce cap sera ta valise ; l'âge : ni sel-liard (sic) ni master-(sic)-coq, ni cédrats, ni la lune brève. Tercé, sénégalais, un soleil perdra ta bétise héritée (Moi-Dieu, la vérole !).

Déroba la serbe glauque, pis, ancestral, hébreu (Galba et Septime-Sévère). Cesser, vidé et nié. Tétanos. Etna des boustrophédon répudié. Boiser. Révèle l'avare mélo, s'il t'a béni, brutal tablier vil. Adios. Pilles, pale rétine, le sel, l'acide mercanti. Feu que Judas rêve, civette imitable, tu as alerté, sort à blason, leur croc. Et nier et n'oser. Casse-t-il, ô, baiser vil ? A toi, nu désir brisé, décédé, trope percé, roc lu. Détrompe la. Morts : l'Ame, l'Élan abêti, revenu. Désire ce trépas rêvé : Ci va ! S'il porte, sépulcral, ce repentir, cet écrit ne perturbe le lucre : Haridelle, ta gabegie ne mord ni la plage ni l'écart.

Georges Perec.
Au Moulin d'Andé, 1969.

BOULES DE NEIGE

[Les vers rhopaliques (ou euryphalliques ou encore croissants) étaient connus dans l'Antiquité. Brunet en parle dans sa *Poétique Curieuse*. Borgmann, dans *Language on Vacation* qualifie de *snow-balls* des phrases basées sur le même principe. Le seul examen de ces phrases montrera au lecteur en quoi il consiste.]

I

A un mur bête blanc ivoire montent certains vigoureux sarmenteux : persicaires, aristoloches inimaginables, chèvrefeuilles monstrueusement indisciplinables, suremberlificotés, multidimensionnels.

Latis.

A la mer nous avons trempé crûment quelques gentilles allemandes stupidement bouleversées.

Bens.

L'os dur rêve parmi trente pierres blanches, furieuses métaphores réalisables mortellement.

Lescure.

26-27 décembre 1965.

II

L'un rit dans notre jardin quoique certains préfèrent travailler croupissant, déraisonnant, réfléchissant. Aboutissements mégalomaniaques, conditionnements incompréhensibles, suranéantissements, ragaillardissements hyperoligophréniques !

*

O le bon sens épais duquel sortent finement certaines gracieuses jésuiteries ! Rengorgement, calembredaine consciencieuse, épistémologique abasourdissement disproportionnant recroquevillements, impressionnabilités crétinoembryonnaires, hyperschizophréniques pseudotransfigurations !

(Latis).

III

impitoyablement
obsessionnelle
pourchasseuse
déclamatoire
prédestinée
auparavant
innocente
pourtant
gaîment
câline
refit
elle
par
un
x
de
feu
cent
mille
douces
marques
aimables
blessures
véritables
hémorragies
inépuisables
interventions
contraignantes
impitoyablement

J. Lescure.

IV

J
AI
CRU
VOIR
PARMI
TOUTES
BEAUTÉS
INSIGNES
ROSEMONDE
RESPLENDIR
FLAMBOYANTE
PANTELANTE
ÉCARTELÉE
ÉVOQUANT
QUELQUE
CHARME
TORDU
SCIÉ
SUR
UN
X

G. Perec.

LES HORREURS DE LA GUERRE

Drame alphabétique
en trois actes et trois tableaux

PERSONNAGES

Le Capitaine Vainqueur.
L'Abbesse (d'origine auvergnate).
Joseph K.
Le Conducteur de la Berline.
Le Serveur du Mess (affligé d'un défaut de prononciation
   et par surcroît d'incorporation récente).
Soldats, Nonnes, Otages et Chevaux.

ACTE UN

La scène se passe dans la cour du couvent de H., en
Transylvanie supérieure à la fin de la première Guerre
Mondiale.

Le Capitaine Vainqueur a été chargé par l'État-Major de
la Première Division d'Infanterie Légère de recruter des
filles pour un Bordel Militaire installé au Pecq à l'usage des
permissionnaires et convalescents de la Région parisienne.

Il demande à la Supérieure du couvent de lui donner ses
nonnes, la menaçant, si elle refuse, de faire fusiller quinze
otages.

LE CAPITAINE VAINQUEUR
(*dans un dernier appel
à la bonne volonté de l'Abbesse*)

— Abbesse ! Aidez !

L'ABBESSE (d'origine auvergnate)
(*toujours pas décidée à se séparer de ses filles*)

— Euh...

(*elle sort*)

Le Capitaine Vainqueur, furibard, donne l'ordre aux soldats de fusiller les otages.

LE CAPITAINE VAINQUEUR

— Eh ! Feu !...
Les soldats tirent. S'abattent les otages. Cependant revient l'Abbesse qui paraît avoir changé d'avis.

L'ABBESSE

— J'ai...
Mais soudain elle aperçoit l'amas trucidé des otages et, parmi, elle reconnaît le corps de son amant, Joseph K !

L'ABBESSE (d'origine auvergnate)

— Ah ! Chi-gît K !
Elle s'évanouit.

FIN DU PREMIER ACTE

ACTE DEUX

La scène se passe dans la cour de la caserne. Le Capitaine Vainqueur a fini par obtenir six nonnes. Il les a mises dans une berline à destination du Pecq. Il donne ses dernières instructions au Conducteur de la Berline.

LE CAPITAINE VAINQUEUR

— ... Et les mène au Pecq !

LE CONDUCTEUR DE LA BERLINE
(faisant claquer son fouet)

— Hue !
Mais une des Nonnes tente (maladroitement) de s'échapper.

LE CAPITAINE VAINQUEUR
(l'attrapant au passage,
dans un grand éclat de rire sardonique)

— Eh ! Restez !
Il te la refout dans la berline puis fait signe au Conducteur qu'il peut derechef y aller.

LE CONDUCTEUR DE LA BERLINE
(faisant claquer son fouet)

— Hue !
La berline s'en va au petit trot tandis que le rideau tombe.

FIN DU SECOND ACTE

ACTE TROIS

La scène se passe au mess des Officiers où le Capitaine, sa mission accomplie, vient se désaltérer.

LE SERVEUR DU MESS
affligé d'un défaut de prononciation
(croyant se faire bien voir en faisant
une remarque anodine sur la clémence du climat)

— Vai doux.

LE CAPITAINE VAINQUEUR
(goguenard, lui montrant que ça ne prend pas avec lui et
qu'il a tout de suite reconnu le conscrit de fraîche date)

— Bleu ?

LE SERVEUR DU MESS
affligé d'un défaut de prononciation
(baissant la tête et acquiesçant, un peu honteux)

— Vai.

Le Capitaine Vainqueur boit de la bière dans de grosses
chopes en grès.

Il est bientôt fin rond.

LE CAPITAINE VAINQUEUR

— Hic !

LE SERVEUR DU MESS
affligé d'un défaut de prononciation
(se frottant les mains à l'idée du profit qu'il va tirer
de la bibition de son supérieur hiérarchique)

— Six grès que z'ai !

Mais, tout rond qu'il soit, le Capitaine Vainqueur sait
très bien combien de grès il a bu, ou, en tout cas, combien il
va en payer.

— Deux !

Puis il roule sous la table tandis que, piteux, le Serveur
du Mess (affligé d'un défaut de prononciation) retourne à
ses verres. Le rideau tombe.

FIN DE L'ACTE TROIS ET DERNIER

Georges Perec.

LA TRADUCTION HOMOPHONIQUE
OU
UN SINGE DE BEAUTÉ[1]

Suave Emma, ris, ma Guéhenne au turban,
Tes buts s'écœurent au vent d'ici.

Sue avec Marie, ma guenon ;
Turbans, gibus et cors à vent tisse

Éther à magnum allaite et ris
Où se pique, tarée, la bohême

Ah, singe débotté,
Hisse un jouet fort et vert.

Marcel Bénabou.

1. En hommage au modèle fourni par F. LL. p. 301.
   Voir la clef en fin de volume.
   On trouve ce même genre de transcription homophonique (mais du
français vers le français) chez Fourier (voir *La Brèche*, nº 4, février 1963)

POÈME POUR BÈGUE

« *Te tero, Roma, manu nuda.*
Date tela. Latete. »

A Didyme où nous nous baignâmes
les murmures de l'Ararat
cessaient de faire ce rare ah !
leçon sombre où brouiller les âmes.

Même et marine Marmara
tu tues un temps tendre à périr.
L'âme erre amère en des désirs
qui quitte enfin un art à rats.

Couvrez vraiment l'été, ténèbres !
Terre, tes ruines sont songeuses.
Pour pourrir rire est une heureuse
ruse, uses-en ô l'ivre de tes fûts funèbres.

Jean Lescure.
Ionie, septembre 1970.

[Ce sont les vers en écho de la *Poétique curieuse* de Brunet.]

TAUTOGRAMME

[Il y a déjà chez Ennius des vers quasi-tautogrammatiques. Le tautogramme pur n'est guère possible en français, comme le fait remarquer Brunet dans sa *Poétique curieuse*. Celui-ci s'accorde de telles libertés qu'il est à la limite de l'oulipisme.]

Z'ai nom Zénon

Au zénith un zeste de zéphyr faisait zézayer le zodiaque.
Dans la zone zoologique, bon zigue, zigzagait l'ouvrier zingueur, zieutant les zèbres mais zigouillant plutôt les zibelines.
Zut, suis-je déjà à Zwijndrecht, à Znaïm ou à Zwevegem, à Zwicken ou sur le Zuyderzee, à Zermatt ou à Zurich.
Zélateur de Zoroastre, j'ai le poil sombre des chevaux zains.
Mais ayant joué au zanzibar un zazou m'a zesté les parties zénithales selon une méthode zététique. Aussi c'est entre le zist et le zest que j'ose zozotter : zéro. Mais zéro zoniforme, zéro zoosporé, zéro zoophagique. Et pas de zizanie entre les zouaves à propos de zizis — hein ? zéro.

Jean Lescure.

CINQ SONNETS

ce	cœur pur	vitrifié	mystérieux	un peu mort
ce	richard	décéda	dans son parc	étoilé
ce	faux dur	supprimé	vaniteux	il s'endort
ce	vieillard	susurra	que son arc	épuisé
ce	n'enfant	réfléchi	dit qu'ailleurs	sur la trame
ce	mormon	suçotant	le radar	qui l'avive
ce	mendiant	reverdi	ce rameur	et sa dame
ce	cochon	tatouillant	le nectar	d'origine
ce	n'outil	ramollot	militant	consterné
ce	fusil	parpaillot	d'un amant	concerné
ce	sabir	connaisseur	d'un gymnase	infernal
ce	trépas	amoureux	le voyeur	un marine
ce	n'en-cas	fastidieux	sans chaleur	assassine
ce	roi Lear	inventeur	d'un surplace	ordinal

Si l'on s'arrête à la décomposition verticale du sonnet en alexandrins, quatre autres sonnets se détachent, ainsi que le suggère avec discrétion leur mise en page : successivement un sonnet en vers de 1 pied (on pourra soustraire cette plaisanterie sordide), un sonnet en vers de 3 pieds, un sonnet en vers de 6 pieds, un sonnet en vers de 9 pieds. Ensuite les alexandrins. L'ensemble se figure par conséquent selon le principe alluvionnaire, ou boule de neige.

Jean Queval.

LA LITTÉRATURE
DÉFINITIONNELLE

[Étant donné un texte, on substitue à chaque mot signifiant (verbe, substantif, adjectif, adverde en -ment), sa définition dans « le » dictionnaire, puis on itère l'opération. Une phrase de six mots ainsi traitée donne un texte de près de 180 mots au troisième traitement.

On peut opérer ces définitions de la façon la plus mécanique (exemples suivants de Raymond Queneau), c'est alors la *littérature définitionnelle*. On peut aussi faire appel à l'astuce et à la ruse des cruciverbistes producteurs ; c'est alors la *littérature sémo-définitionnelle* (du P.A.L.F., Production Automatique de Littérature Française) de Marcel Bénabou et Georges Perec.

Perec et Queneau ont présenté leurs travaux simultanément à l'Oulipo, mais ils avaient été précédés dans cette voie par Stefan Themerson qui pratique la *littérature sémantique* basée sur les mêmes principes et cela depuis de nombreuses années.]

I

Le chat A BU *le lait.*

Le mammifère carnivore digitigrade domestique A AVALÉ un liquide blanc, d'une saveur douce fournie par les femelles des mammifères.

Celui qui a des mamelles, mange de la viande, marche sur l'extrémité de ses doigts et concerne la maison A FAIT DESCENDRE PAR LE GOSIER DANS L'ESTOMAC un état de la matière sans forme propre, de la couleur du lait, d'une impression agréable sur l'organe du goût et procuré par les animaux du sexe féminin qui ont des mamelles.

Celui qui a des organes glanduleux propres à la sécrétion du lait, qui mâche et avale de la viande des animaux terrestres, des oiseaux et des poissons, qui change de place en déplaçant ses pieds l'un après l'autre sur le bout des parties mobiles qui terminent les mains et les pieds et qui regarde la construction destinée à l'habitation humaine — A FAIT ALLER DE HAUT EN BAS PAR LA PARTIE INFÉRIEURE DU COU DANS LE VISCÈRE MEMBRANEUX DANS LEQUEL COMMENCE LA DIGESTION DES ALIMENTS une manière d'être de la substance étendue sans configuration extérieure lui appartenant exclusivement, de l'impression que fait sur l'œil la lumière du liquide blanc, d'une saveur douce fournie par les femelles des mammifères, d'un effet qui plaît sur la partie de l'être organisé destinée à remplir la fonction de discerner les saveurs et obtenu par les êtres organisés et doués de mouvement et de sensibilité et dont la différence physique et constitutive appartient aux femmes qui ont des organes glanduleux propres à la sécrétion du lait.

II

Le nez de Cléopâtre : s'il eût été plus court, toute la face de la terre aurait changé.

La partie saillante du visage d'une reine d'Égypte célèbre pour sa beauté : si elle eût été de moins de longueur, tout le

visage de la planète habitée par l'homme aurait passé d'un
état à un autre.

La portion qui avance de la face de la femme du roi d'une
république du nord-est de l'Afrique, fameuse pour son
harmonie physique, morale ou artistique : si elle eût été de
moins d'étendue d'une extrémité à l'autre, toute la face du
corps céleste non lumineux où l'espèce humaine fait sa
demeure serait allée d'une manière d'être à une autre.

La partie qui pousse en avant du visage de la compagne
du chef d'État d'un état dans lequel le peuple exerce la
souveraineté par l'intermédiaire de délégués élus par lui,
un état situé entre le nord et l'est de l'une des cinq parties
du monde renommée pour sa science des accords maté-
rielle, concernant les mœurs ou qui a rapport aux arts : si
elle avait eu moins de dimension d'un bout à l'autre, tout le
visage de l'astre qui n'émet pas de lumière où le genre qui
concerne l'homme forme son habitation serait mû d'une
extrémité à l'autre.

III

Je suis celui qui est plongé dans les ténèbres, celui qui a
perdu sa femme et n'a pas contracté de nouveau mariage,
celui qui n'est pas consolé ; celui qui possède une souveraineté sur une contrée de l'ancienne Gaule correspondant à
peu près au bassin de la Garonne, et dont sa sorte de
bâtiment très élevé et de forme ronde ou carrée est
supprimée ; mon astre fixe qui brille par sa lumière propre
et qui est sans compagnie a cessé de vivre et mon ancien
instrument de musique à cordes parsemé d'étoiles soutient
le poids, la charge de l'astre lumineux au centre des orbites

de la terre et des planètes, [astre] de l'état morbide de tristesse et de dépression.

Dans l'obscurité du monument élevé sur les restes d'un mort, toi qui as adouci mon affliction, restitue la montagne près de Naples et le vaste amas d'eau salée d'une république de l'Europe méridionale, la partie d'un végétal qui contient les deux ou l'un des organes reproducteurs et qui est souvent parée de couleurs éclatantes et qui était tant agréable à mon très affligé organe thoracique creux et musculaire, en forme de cône renversé, qui est le principal organe de la circulation du sang, et les ceps de vigne élevés contre un mur ou un treillage où le rameau de vigne chargé de feuilles à la fleur du rosier se mêle.

Je suis celui qui est immergé dans le liquide de l'obscurité profonde, celui qui a cessé d'avoir son épouse et n'a pas de nouveau réduit en un moindre volume l'union légale de l'homme et de la femme, celui dont l'affliction n'a pas été adoucie, celui qui a en sa possession une autorité suprême sur une certaine étendue de pays de l'antique et vaste contrée située entre les Alpes, les Pyrénées, l'Océan et le Rhin, [étendue de pays] ayant à peu près un rapport avec le récipient large, profond, circulaire du fleuve de France qui naît dans la Maladetta et se jette dans l'Atlantique, et dont son espèce de construction en maçonnerie, destinée à servir de logement et très haute, est empêchée de continuer d'exister ; mon corps céleste lumineux par lui-même ou empruntant sa clarté à un autre corps et qui ne se meut point et qui jette une vive lumière par son éclat qui lui appartient exclusivement et qui est sans assemblée de personnes réunies [nous laissons au lecteur le soin de continuer].

Raymond Queneau.

LA LITTÉRATURE
SÉMO-DÉFINITIONNELLE

Une chaîne de citations

Méthode : On choisit deux énoncés aussi différents que possible. Dans chacun de ces énoncés, on remplace les mots signifiants par leur définition pour obtenir une citation « à la manière de... ». Au terme d'une série de transformations, les deux énoncés de départ aboutissent à un texte unique [1].

Énoncé 1 :

PRESBYTÈRE I

Le presbytère n'a rien perdu de son charme ni le jardin de son éclat.

presbytère : le conseil des prêtres assistant l'évêque
rien : une femme qui se noie (La Fontaine)
perdre : corrompre
charme : illusion
jardin : pays fertile
éclat : manifestation violente

Le conseil des prêtres assistant l'évêque a corrompu la femme qui se noie dans ses illusions, dans ce pays fertile en manifestations violentes.

[Sade.]
Justine.

1. Cet exercice n'est pas ici poussé jusqu'à son terme. Mais on trouvera p. 138, sous le nom de *LSD analytique*, un exercice où se trouve démontrée la convergence de deux phrases rousselliennes.

PRESBYTÈRE II

Le conseil des prêtres assistant l'évêque a corrompu la femme qui se noie dans ses illusions, dans ce pays fertile en manifestations violentes

conseil : parti
prêtre : ouvrier
assister : exhorter à bien mourir
évêque : bonne condition (devenir d'évêque meunier = déchoir)
corrompre : gâter par décomposition putride
femme : homme sans énergie
noyer : exprimer avec une excessive diffusion
illusions : rêves ou fantômes qui flottent devant l'imagination
pays : compatriote
fertile : qui fournit d'amples développements
manifestations : rassemblement populaire
violent : qui épuise les forces

Le Parti ouvrier exhorte à bien mourir : sa bonne condition, gâtée par la décomposition putride d'hommes sans énergie, s'exprime par l'excessive diffusion de rêves et de fantômes qui flottent devant l'imagination des compatriotes, et fournit d'amples développements aux rassemblements populaires où s'épuisent ses forces !

[Henri Lefebvre.]
La Somme et le reste.

PRESBYTÈRE III

Le parti ouvrier exhorte à bien mourir : sa bonne condition, gâtée par la décomposition putride d'hommes sans énergie, s'exprime par l'excessive diffusion de rêves et de fantômes qui flottent devant l'imagination des compatriotes, et fournit d'amples développements aux rassemblements populaires où s'épuisent ses forces !

parti : futur
ouvrier : qui travaille de sa main
exhorter : pousser
mourir : sentir exagérément
bonne : domestique
condition : fondement
gâter : ravager
décomposition : résolution d'un corps en ses principes
putride : fermenté
homme : (individu du) sexe mâle
sans énergie : mollement
exprimer : extraire un liquide en pressant
excessif : extrême
diffusion : (action de) se répandre
rêves : désir ardent
fantôme : simulacre
flotter : être mal assuré
devant : ventre
imagination : fantaisie
compatriote : français
fournir : procurer habituellement
ample : qui est étendu
développement : aisance que l'on montre à tirer

rassemblement : union
populaire : vulgaire
s'épuiser : se tarir
force : puissance

Le futur, travaillant de sa main, pousse, jusqu'à sentir exagérément, sur sa domestique dont le fondement est ravagé par la résolution du corps dans les principes fermentés du sexe mâle.

Avec mollesse, il extrait son liquide en se pressant à l'extrême, et répand son désir ardent sur un simulacre mal assuré sur son ventre.

Ce sont ces fantaisies de français qui lui procurent habituellement, quand il est étendu, l'aisance qu'il montre à tirer ; mais, dans cette union vulgaire, se tarit sa puissance.

[Philippe Sollers.]
Une curieuse solitude.

PRESBYTÈRE IV

Le futur, travaillant de sa main, pousse jusqu'à sentir exagérément sur sa domestique dont le fondement est ravagé par la résolution du corps dans les principes fermentés du sexe mâle. Avec mollesse, il extrait son liquide en se pressant à l'extrême et répand son désir ardent sur un simulacre mal assuré sur son ventre. Ce sont ces fantaisies de français qui lui procurent habituellement

quand il est étendu l'aisance qu'il montre à tirer ; mais dans
cette union vulgaire se tarit sa puissance.

futur : état (de ce) qui sera
travailler : exécuter avec soin
main : agent
pousser : faire monter les prix
sentir : percevoir
exagérément : sans mesure
domestique : gens au service
fondement : principal soutien
ravager : déchirer
résolution : projet de loi
corps : division des armées
principes : éléments
fermentés : échauffés
sexe : homme et femme (l'un et l'autre sexe)
mâle : qui a l'apparence de la force
mollesse : absence de rigueur
extraire : soutirer
liquide : argent
se presser : se pousser en avant
extrême : qui est le contraire du modéré
répandre : multiplier
désir : moyen de transport [tramway]
ardent : rouge
simulacre : (action de) feindre
mal assuré : insuffisamment protégé par sa police
ventre : centre
fantaisie : idée
français : national
procurer : donner
habituellement : comme à l'ordinaire
étendu : grand
aisance : sécurité
montrer : servir d'exemple

tirer : conclure
union : assemblée
vulgaire : commune
se tarir : cesser d'être inspiré
puissances : les gens en crédit.

Dans l'état qui sera, nous exécuterons avec soin ces agents qui font monter les prix pour percevoir sans mesure.

Les gens au service, qui sont notre principal soutien, sont déchirés par le projet de loi sur la division des armées.

Des éléments échauffés, hommes et femmes ayant l'apparence de la force mais dépourvus de rigueur, soutirent de l'argent en se poussant en avant.

Au contraire des Modérés qui multiplient les moyens de transport, ces Rouges feignent d'être insuffisamment protégés par leur police.

Le Centre, Idée nationale, donnera, comme à l'ordinaire, la Grande Sécurité, et servira d'exemple.

Pour conclure : que les Assemblées, que les Communes cessent d'être inspirées par les gens en crédit !

[Lecanuet]
Œuvres Complètes.

Autre chaîne de citations

Énoncé 2 :

PROLÉTAIRE I

Prolétaires de tous les pays, unissez-vous !

Prolétaire : citoyen de la dernière classe
tout : qui ne laisse rien au-dehors
pays : compatriote
unir : posséder simultanément

Les citoyens de la dernière classe, sans rien laisser au-dehors à leurs compatriotes, doivent se posséder simultanément.

[Jean Genet.]
Les Paravents.

PROLÉTAIRE II

Les citoyens de la dernière classe, sans rien laisser au-dehors à leurs compatriotes, doivent se posséder simultanément.

citoyens de la dernière : les anciens combattants
la classe : ceux qui ne sont plus des bleus

sans rien : privés de tout
laisser : céder
le dehors : les pays étrangers
compatriotes : français
devoir : être obligé
se posséder : se contenir
simultanément : dans le même moment

Les anciens combattants ne sont plus des bleus, mais ils sont privés de tout : l'on cède aux pays étrangers, et les Français sont obligés de se contenir dans le même moment !

[Tixier-Vignancour.]
Discours aux Français.

PROLÉTAIRE III

Les anciens combattants ne sont plus des bleus, mais ils sont privés de tout : l'on cède aux pays étrangers, et les Français sont obligés de se contenir dans le même moment.

Ancien : homme âgé
combattant : qui fait des efforts
ne plus être : mourir
bleu : marque livide sur la peau, suite de coups reçus
privé : dans l'intimité
céder : fléchir sous le poids
pays : parties (inférieures du corps) [Littré 10]
étranger : qui n'est pas en contact avec
français : langue maternelle

s'obliger : engager ses services pour acquitter le prix d'un
   transport
contenir : renfermer
le même : la chose mentionnée ci-dessus
moment : couple

Les hommes âgés font des efforts, puis meurent, avec des
marques livides sur leur peau, suite des coups qu'ils ont
reçus dans l'intimité.
   C'est qu'ils fléchissent sous le poids de leurs parties, dès
qu'elles cessent d'être en contact avec la langue de leur
mère, et que, pour acquitter le prix de ce transport, ils ont
engagé leurs services et se sont renfermés, pour la chose
mentionnée ci-dessus, avec un couple.

[Kraft-Ebbing.]
Psychopathia Sexualis.

PROLÉTAIRE IV

Les hommes âgés font des efforts, puis meurent, avec des
marques livides sur leur peau, suite des coups qu'ils ont
reçus dans l'intimité. C'est qu'ils fléchissent sous le poids
de leurs parties dès qu'elles cessent d'être en contact avec
la langue de leur mère et que pour acquitter le prix de ce
transport, ils ont engagé leurs services et se sont renfermés
pour la chose mentionnée ci-dessus avec un couple.

homme : ouvrier
âgé : sur le retour
faire effort : se résigner à faire ce qui coûte

mourir : ressentir terriblement
marque : firme
livide : plombé
peau : croûte
suite de coups : tournées
recevoir : prendre
intimité : fonds caché
fléchir : ébranler
poids : masse
partie : adversaire
cesser d'être en contact : rompre les négociations
langue : la pire ou la meilleure des choses
Mère : Bonne Vierge
acquitter : regagner ce que l'on a perdu
prix : salaire
transport : enthousiasme
engager : mettre au mont-de-piété
service : couvert
se renfermer : se restreindre
chose mentionnée ci-dessus : ce qui s'est déjà vu
couple : moment

Les ouvriers, sur le retour, se résignèrent à faire une chose qui leur coûtait : c'est qu'ils sentaient terriblement que, les firmes étant plombées, la croûte et les tournées allaient prendre sur les fonds cachés.

Ils s'ébranlèrent en masse.

Leurs adversaires avaient rompu les négociations : était-ce la meilleure ou la pire des choses, Bonne Vierge !

Pour regagner ce qu'ils avaient perdu de salaires, avec enthousiasme, ils mettent au mont-de-piété leurs couverts, et se restreignent, chose qui s'est déjà vue, pour un moment.

[*La Marseillaise.*]
Éditorial du 17 mai 1967.
Marcel Bénabou et Georges Perec.

L. S. D. POÉTIQUE

Le jour n'est pas plus pur que le fond de mon cœur →
(Le) *jour* (n'est pas plus) *pur* (que le) *fond* (de) *mon cœur*

1

JOUR   La clarté donnée à la Terre par le Soleil
PUR   Que rien ne vicie, n'altère ou ne corrompt
FOND   Ce qu'il y a de plus bas dans une profondeur
           La partie opposée aux glaces du devant
           L'étoffe sur laquelle on fait des broderies
           Le réseau qui sert d'assiette au dessin des dentelles
           En peinture, le champ sur lequel les figures se détachent
           etc...
CŒUR   Organe conoïde enfermé dans la poitrine et principal agent de la circulation
           Mémoire des sentiments (vos bienfaits sont gravés dans mon cœur)
           Et des ressentiments (en avoir gros sur le cœur)

↓

La clarté qu'à la Terre a donnée le Soleil
N'a rien qui la vicie, l'altère ou la corrompe
Non plus que de l'organe au creux de ma poitrine,
Mémoire des sentiments et des ressentiments
La partie opposée aux glaces du devant
Ou les champs sur lesquels s'exaltent les figures.

2

CLARTÉ	L'organe de l'Union des Étudiants Communistes
TERRE	Planète qui fait sa révolution autour du soleil en 365 jours
DONNER	Représenter une pièce de théâtre
SOLEIL	L'astre qui donne lumière et chaleur aux étoiles
VICIER	*voir corrompre*
CORROMPRE	Gagner par des dons ou par des promesses
ALTÉRER	Modifier par un dièse ou par un bémol
ORGANE	Celui dont on se sert pour marquer ses désirs
CREUX	Matrice du coin à frapper les médailles
POITRINE	Partie de nos côtes rattachées par le sternum
MÉMOIRE	Le souvenir gardé par la postérité
SENTIMENT	La conscience que l'on a de sa réalité
RESSENTIMENT	Le renouveau affaibli d'une douleur oubliée
PARTIE	Le plaideur que l'avocat défend
	Le projet que l'on forme pour une entreprise
OPPOSER	Mettre en parallèle ou en opposition
GLACES	Eaux froides par l'ennui dans leur cadre gelées
DEVANT	La proue du vaisseau
CHAMP	Fond de l'écu
EXALTER	Magnifier
FIGURES	Les formes qui donnent au discours plus de grâce, d'éclat et d'énergie

↓

L'astre donnant lumière et chaleur aux étoiles
A mis sur une scène, en pièce de théâtre
Pour la planète qui fait sa révolution
Autour du soleil en trois cent soixante-cinq jours
L'organe de l'Union des Étudiants coco
Que ni dons ni promesses n'ont jamais pu gagner
Que dièse ni bémol jamais n'ont modifié.

Ni non plus le plaideur que l'avocat défend
Ou le projet formé de quelque belle affaire
Mis en parallèle aux, ou bien s'opposant aux
Eaux froides par l'ennui dans leur cadre gelées
De la proue du vaisseau ou du fond de l'écu
Où les formes donnant au discours plus de grâce
D'éclat et d'énergie se trouvent magnifiées.

Celui dont on se sert pour marquer son désir
Aux matrices du coin à frapper les médailles
De la partie des côtes, attachée au sternum
A la postérité confie son souvenir :

La conscience que j'ai de ma réalité
Renouvelle, affaiblie, ma douleur oubliée.

3

ASTRE	Tout corps cheminant régulièrement dans les espaces célestes
DONNER	Mettre sur une scène en pièce de théâtre
LUMIÈRE	L'éclat qui émane de la divinité
CHALEUR	Sentiment pénible qui accompagne divers malaises
ÉTOILE	Marque blanche au front du cheval ou du bœuf
METTRE	Mettre sur : Faire parler, susciter Mettre en : Traduire

SCÈNE	Éclat de langage, paroles violentes
PIÈCE	Lieu où il se passe quelque événement
THÉÂTRE	Corps mort pour étudier l'anatomie et la pathologie.
PLANÈTE	Terre
RÉVOLUTION	Bouleversement (*Tohubohu*) de l'état politique
SOLEIL	(L'astre donnant lumière et) chaleur aux étoiles
365	Mille
JOUR	Clarté donnée (*trahie*) par le soleil
ORGANE	Celui dont on se sert pour marquer son désir
UNION	Unique solution du prolétariat
ÉTUDIER	S'assurer d'un effet avant de commencer l'exécution
COCO	Boisson infusée du jus de la réglisse

Tous ces corps cheminant dans l'espace infini
Ont mis sur une scène en pièce de théâtre
Des chevaux et des bœufs les marques au front blanches
Et l'éclat émanant de la Divinité
Et le sentiment lourd que la maladie suinte.

Nous traduisons ici ces éclats du langage,
Paroles sus-citées que nous faisons parler,
Corps morts d'anatomie ou de pathologie
Car c'est l'unique lieu de tout avènement.

Dans le tohubohu de l'état politique
la Terre a rendu sa chaleur aux étoiles
Et les mille clartés trahies par le soleil.

Celui dont on se sert pour marquer son désir,
Pour le prolétariat aboutissement vrai
S'assure des effets avant l'exécution.

La boisson infusée du jus de la réglisse

etc...

Marcel Bénabou et Georges Perec.

L. S. D. ANALYTIQUE
(EXERCICE SUR UNE PHRASE
DE RAYMOND ROUSSEL)

Il s'agit de justifier le passage opéré par Raymond Roussel, dans son conte célèbre, de la phrase initiale :

« *Les lettres du blanc sur les bandes du vieux billard* »

à la phrase finale :

« *Les lettres du blanc sur les bandes du vieux pillard* »

en montrant que ces deux phrases sont rigoureusement équivalentes, puisqu'elles sont en outre toutes deux équivalentes à la phrase :

« *Les bandes de la lettre sur les pillards du vieux blanc* »

Marcel Bénabou et Georges Perec.

« Les lettres — du blanc — sur les bandes — du vieux billard »

« Les lettres	du blanc	sur les bandes	du vieux billard »
caractères	fard	rebords	table d'opérations
énergies	rouge	saillies	abaque
chaleurs	vin	éminences	compteur
fièvres	ivresse	conseillers	indicateur
passions	euphorie	conducteurs	mouton
souffrances	soulagement	chauffeurs	Rothschild
tolérances	décharge	brigands	financier
indulgences	ordure	pillards	capitaliste
générosité	débris		libéral
largesse	fragment		individualiste
libéralités	passage		non conformiste
bienfaits	ouverture		original
faveurs	introduction		nouveau
bandes	recommandation		bleu
	exhortation		livide
	appel		blafard
	levée		blanc
	pli		
	lettre		

« Les lettres	du blanc	sur les bandes	du vieux pillard »
billets	homme	clans	plagiaire
effets	amant	partis	copiste
linges	amoureux	unions	scribe
beau monde	tourtereau	liaisons	Bartleby
l'aristocratie	pigeon	charmes	humanité
distinction	voyageur	montagnes	culture
décoration	commis	éminences	bouillon
plaques	agent	conseillers	consommé
jetons	sergent de ville	conducteurs	concentré
honoraires	flic	chauffeurs	condensé
salaires	ordure	brigands	digeste
récompenses	débris	pillards	code
gratifications	fragment		convention
libéralités	passage		marché
bienfaits	ouverture		foire
faveurs	introduction		exposition
bandes	recommandation		abandon
	exhortation		naturel
	appel		pur
	levée		innocent
	pli		blanc
	lettre		

*Manipulations
lexicographiques, syntaxiques
ou prosodiques*

LA MÉTHODE S + 7
(CAS PARTICULIER
DE LA MÉTHODE M ± n)

La méthode M ± n, que l'on propose d'abord sous la forme encore limitée dite S + 7 (forme qui a donné à la méthode son nom), consiste à remplacer dans un texte existant (de qualité littéraire ou non) les mots (M) par d'autres mots de même genre qui les suivent ou les précèdent dans le dictionnaire, à une distance variable mesurée par le nombre des mots. Aussi S + 7 veut dire simplement que l'on remplace tous les substantifs d'un texte par le septième qui le suit dans un lexique donné.

Cette méthode est évidemment une méthode à résultats variables. On peut en effet changer à l'occasion l'outil indispensable à son application. Ce seul changement suffit à entraîner les modifications les plus inattendues dans les résultats — la patience, l'application, l'honnêteté de l'opérateur restant égales d'ailleurs.

Cette méthode exige donc, en dehors de l'opérateur réduit à une fonction purement mécanique, un texte quelconque, choisi ou non parmi ceux réputés littéraires, et un dictionnaire, vocabulaire, glossaire ou lexique également quelconque.

La méthode dite S + 7 n'introduira des modifications que dans cette seule partie du discours. On prendra successivement chacun des substantifs que l'on rencontrera dans le texte élu et, après s'y être reporté dans le dictionnaire utilisé, on le remplacera par le septième nom commun que l'on aura trouvé qui l'y suit.

Il est possible de modifier cette méthode aussi bien dans la lettre qui la désigne que dans le chiffre qui la suit. Il n'est pas exclu non plus de la transformer en remplaçant le signe + par le signe −. Ainsi pourra-t-on concevoir une méthode $S + 3$, ou $S − 7$, un $A + 14$ ou un $V − 13$, dans lesquelles A désignera l'adjectif et V le verbe. Enfin, une méthode générale pourrait être désignée par $M ± n$, où M désigne la totalité des mots du discours et n l'infini des nombres[1].

On voit que l'on s'est appliqué ici à élaborer une méthode permettant des applications pratiquement infinies à un même texte — où du moins le nombre des possibilités d'intervention dépasserait de beaucoup le temps d'exercitation d'un homme quel qu'il soit.

La faible quantité d'exercices jusqu'ici accomplis ne nous permet pas de faire des constatations très nombreuses ni généralisables sur les résultats obtenus. Nous pouvons toutefois remarquer que les textes tirés des journaux semblent introduire dans l'information quotidienne une résonance qu'elle ne laisse pas communément percer.

Les textes littéraires de qualité ne semblent pas améliorés — dans le sens artistique — par l'usage de cette méthode. Ils révèlent cependant des pouvoirs imprévisibles jusqu'à ce jour, et en tout cas ne semblent pas sensiblement dégradés par la manipulation. Au contraire, un texte de littérature usinière comme *Caroline chérie* se diapre de nuances intéressantes : le passage « suggestif » au sens le plus banal prend une allure beaucoup plus osée, sans pour cela être plus explicite dans l'allusion grivoise.

Appliquée à des textes présentant dans l'ordre de la littérature traditionnelle la plus grande rigueur, cette

---

1. Cette extension de la méthode a été proposée par le Régent Le Lionnais à une session régulière de l'OuLiPo.

méthode donne des résultats généralement aberrants mais plaisants ; par exemple :

« Nous promettons selon nos espoirs et nous tenons selon nos crapaudières. »

« La miroiterie de l'amphithéâtre, c'est de guérir. »

« La dynastie de nos pastiches ne dépend pas plus de nous que la dynastie de notre vigie. »

Cependant il arrive que, des maximes, se dégage une potentialité tout à fait distincte des pouvoirs de conviction que la sentence originale avouait. Par exemple :

« Nous n'avons pas assez de forêts pour suivre tout notre ralentissement. »

« L'intermédiaire qui aveugle les uns fait la lunette des autres. »

« L'essaimage ne saurait jouer longtemps la perte de la cohérence. »

Si distinctes que soient ces propositions de celles publiées par La Rochefoucauld, elles demeurent cependant cohérentes à l'humanisme moralisant de leur auteur. Peut-être remarquera-t-on toutefois qu'elles le dégagent de sa mondanité et révèlent dans ses structures des énergies qui eussent pu le conduire vers l'objectivité de rapports moins moraux que de fantastique quasi-transcendantale.

EXERCICES EN S + 7

Textes du journal Le Monde *(du vulg. 6 mai 1961) traités avec le* Petit Dictionnaire Français-Anglais *(Hatier éd.).*

I

Chaque fois que viole bénéficie d'un sandwich, la soie du cheveu français en profite pour organiser un important réveillon.

(Chaque fois que Vincennes bénéficie d'un samedi, la Société du cheval français en profite pour organiser une importante réunion.)

MARÉCAGE ALOURDI

Des privautés de bénitier ont eu lieu, aujourd'hui encore, mais les oiseaux ont été absorbés beaucoup moins aisément que le vélocipède.

(MARCHÉ ALOURDI)

(Des prises de bénéfices ont eu lieu, aujourd'hui encore, mais les offres ont été absorbées beaucoup moins aisément que la veille.)

Pas plus que la mise en officier du consulteur de 1958 n'a permis de mettre fin aux fainéants du requiem, pas plus sa mise en vélocité, grâce à l'artisan 16, ne suffira à faire un étendard fort.

(Pas plus que la mise en œuvre de la Constitution de 1958 n'a permis de mettre fin aux faiblesses de la République, pas plus sa mise en veilleuse, grâce à l'article 16, ne suffira à faire un État fort.)

II

LE MATHÉMATICIEN

A cette monnaie, elle laissa échapper une crinière. Une fortune soyeuse s'était jetée sur elle avec tant d'engagement, que prise au dépourvu elle avait roulé sur la gencive.

C'était un très jeune éperon qu'elle avait caressé au mausolée en arrivant. Elle le flatta. Son cratère était de l'entendre aboyer, mais l'anniversaire ne poussa que des souriceaux amicaux et affectueux. Il promenait son petit tube humide sur la visière de la jonction. Elle en fut touchée. Elle appuya son textile contre la fraîcheur de la chiquenaude et doucement lui raconta à l'organisme qu'elle était bien malheureuse, que tout monsieur s'acharnait contre elle et que le plastron où elle était tombée était complètement fou. La chiquenaude lui répondait en la léchant violemment et elle ne put s'empêcher de rire devant l'étrange dicton qu'ils échangeaient.

III

LE POSTULAT D'EUCLIDE

« Si deux droites situées dans un plan font avec une même sécante des angles intérieurs du même côté dont la somme soit plus petite que deux droits, ces deux droites se rencontrent de ce côté. »

Licence : On remplacera la préposition *de* dans l'expression « de ce côté » par la préposition *dans* si le sens l'exige.

S + 2 (*Dictionnaire Français-Italien*) Hatier. 1929 :

Si deux drôles situés dans un plancher font avec une même sécession des angoisses intérieures de la même côtelette dont le sommeil soit plus petit que deux droitures ces deux drôles se rencontrent dans cette côtelette.

S + 4 (d°) :

Si deux drôlesses situées dans une planète font avec une même sécheresse des âniers intérieurs du même cothurne dont le sommet soit plus petit que deux drôleries, ces deux drôlesses se rencontrent dans ce cothurne.

S + 5 (d°) :

Si deux dromadaires situés dans un plant font avec un même séchoir des animaux intérieurs du même cotillon dont le sommier soit plus petit que deux drôlesses, ces deux dromadaires se rencontrent dans ce cotillon.

S + 6 (d°) :

Si deux druides situés dans une plantation font avec une même seconde des animations intérieures de la même cotisation dont la sommité soit plus petite que deux dromadaires, ces deux druides se rencontrent dans cette cotisation.

S + 9 (d°) :

Si deux ducs situés dans un plantigrade font avec un même secret des anneaux intérieurs du même cotonnier dont le somnifère soit plus petit que deux dualismes, ces deux ducs se rencontrent dans ce cotonnier.

S + 4 (*Dictionnaire philosophique* de Lalande) :

Si deux durées situées dans un pneumatique font avec une même sémantique des animismes intérieurs du même crime dont la sophistique soit plus petite que deux dupliques, ces deux durées se rencontrent dans ce crime.

S + 7 (d°) :

Si deux dynamismes situés dans une polémique font avec une même sémiologie des antécédents intérieurs de la même cristallisation dont le souvenir soit plus petit que deux dynamiques, ces deux dynamismes se rencontrent dans cette cristallisation.

Jean Lescure.

CONTRIBUTION À LA PRATIQUE
DE LA
MÉTHODE LESCURIENNE S + 7

[On applique la méthode lescurienne S + 7 à *Notations* (des *Exercices de Style*, l'autobus S devenant l'autobus S + 7, bien sûr) en utilisant dans un exercice le *Nouveau Petit Larousse Illustré* (édition de 1952) ; et pour l'autre la liste des treize cents mots du français élémentaire (publiée en 1954). D'après l'un *Notations* devient *Notonectes*, d'après l'autre *Œufs*.

On remarquera qu'au départ on a 62 % de substantifs du français élémentaire, et qu'à l'arrivée on en compte 0 % après application de (S + 7 : NPLI) et, évidemment, 100 % après application de (S + 7 : FE).]

NOTONECTES

Dans l'S + 7 en des hexacoralliaires d'affouillement. Un typhon de vingt-six anacardiers, chapelle molle avec corégone remplaçant la rubiacée, couchant trop long comme si on lui avait tiré dessus. Les gentilshommes descendent. Le typhon en quête s'irrite contre un voiturin. Il lui reproche de le bousculer chaque fois qu'il passe quelqu'un. Tonicité pleurnicharde qui se veut méchante. Comme il voit un placet libre, se précipite dessus.

Deux hexacoralliaires plus tard, je le rencontre dans le courbaril de Roucq, devant la gargouillade de Saint-Lizier. Il est avec un cambiom qui lui dit : « tu devrais faire mettre une boutonnière supplémentaire à ton pare-clous ». Il lui montre où (à l'échantillon) et pourquoi.

ŒUFS

Dans l'S + 7 dans une huile d'allumette. Un vapeur de vingt-six appartements, chauffage mou avec du coton remplaçant le sang, cour trop longue comme si on lui avait tiré dessus. Les grand-mères descendent. Le vapeur en regard s'irrite contre un wagon. Il lui reproche de le bousculer chaque fois qu'il passe quelqu'un. Tribunal pleurnichard qui se veut méchant. Comme il voit une plante libre, se précipite dessus.

Deux huiles plus tard, je le rencontre Crayon de Rome, devant la Goutte Saint-Lazare. Il est avec une casserole qui lui dit : « tu devrais faire mettre un bruit supplémentaire à ta pâte ». Il lui montre où (à l'élève) et pourquoi.

Raymond Queneau.

La technique dite « S + 7 » est susceptible de modifications variées. Ainsi on peut utiliser la formule « A + 7, S_m + 7, S_f + 7, V + 7 », c'est-à-dire que chaque adjectif, chaque substantif masculin, chaque substantif féminin, chaque verbe est remplacé par le septième de son espèce dans un dictionnaire choisi (ici le *Nouveau Petit Larousse illustré*, éd. 1952). Cela donne, pour une fable bien connue, *La cimaise et la fraction*. La même méthode est ensuite appliquée à un poème non moins connu de Gérard de Nerval. Le troisième exemple donné est un « A + 1, S + 1, V + 1 fonctionnel », c'est-à-dire que l'on prend, dans le dictionnaire choisi, l'adjectif, le substantif ou le verbe suivant à la condition qu'il remplisse les mêmes fonctions syntaxiques et prosodiques ; on a de plus conservé les mêmes rimes. Les verbes auxiliaires ou quasi-auxiliaires (être, avoir, aller) ne sont pas modifiés. On a utilisé pour les mots historiques ou géographiques la seconde partie du N. P. L. I., pour le titre, le *Dictionnaire espagnol-français* de Emilio M. Martinez Amador, Barcelone, 1962.

Raymond Queneau.

LA CIMAISE ET LA FRACTION

La cimaise ayant chaponné tout l'éternueur
se tuba fort dépurative quand la bixacée fut verdie :
pas un sexué pétrographique morio de mouffette ou de
[verrat.
Elle alla crocher frange
Chez la fraction sa volcanique
La processionnant de lui primer
Quelque gramen pour succomber
Jusqu'à la salanque nucléaire.
« Je vous peinerai, lui discorda-t-elle,
avant l'apanage, folâtrerie d'Annamite !
interlocutoire et priodonte. »
La fraction n'est pas prévisible :
c'est là son moléculaire défi.
« Que ferriez-vous au tendon cher ?
discorda-t-elle à cette énarthrose.
— Nuncupation et joyau à tout vendeur,
Je chaponnais, ne vous déploie.
— Vous chaponniez ? J'en suis fort alarmante.
Eh bien ! débagoulez maintenant. »

EL DESECATIVO

Je suis le tenu, le vibrant, l'incontrôlable
Le priodonte d'Aramits à la tourmaline abonnée,
Ma sextile étrangeté est moulue et mon lycanthrope
[constricteur
Poste le solin nominal de la mélique.

Dans la nuncupation du ton, toi qui m'as constellé
Renfaîte-moi le Pélion ou la mercuriale d'Ivry,
La floculation qui planifiait tant à mon cofidéjusseur
[dessalé
Et la trempe où le panaméricanisme à la rosse s'alpha-
[bétise.

Suis-je Amundsen ou Philémon ? Lycomède ou Blackett ?
Mon frottement est roulier encore du balai de la réité-
[ration.
J'ai reviré dans la guelte où nasalise la smaltine

Et j'ai trois fois valide trélingué l'Adriatique
Moletant tour à tour sur la machette d'Ortolan
Les sourires de la saisie-exécution et les cricris de la
[félonie.

EL DESDONADO

Je suis le tensoriel, le vieux, l'inconsommé
Le printemps d'Arabie à la tourbe abonnie
Ma simple étole est molle et mon lynx consterné
Pose le solen noué de la mélanémie.

Dans l'obi du tombeur toi qui m'a consommé
Romps-moi le Peïpous et la miss d'Olympie
La foi qui poignait tant à mon coin désossé
Et la trempe où la pente à la rosse s'appuie.

Suis-je Ampère ou Phédon ? Luxembourg ou Biton ?
Mon fruit est roux encor du balai de la peine.
J'ai riblé dans la grue où nappe la trentaine

Et j'ai trois fois vairé travesti l'Alagnon
Moissonnant tour à tour sur la mâche d'Ougrée
Les sourcils de la salle et les crics de la fouée.

DES PERMUTATIONS
EN PARTICULIER
ET EN GÉNÉRAL
DES POÈMES CARRÉS

Il nous est arrivé de penser que le langage veut parler. On peut aussi penser qu'il veut se taire. Mais on peut aussi penser qu'il veut parler. On peut penser que la parole veut parler. Qu'il y a dans le langage un pouvoir de parler. Dans le langage lui-même ; pas dans celui qui s'en sert. Moi, peut-être bien qu'on peut penser que je veux parler. Mais cela ne m'intéresse pas qu'on le pense. Ni même que je le veuille. Je veux dire que ça n'est pas intéressant de savoir pourquoi et comment je veux parler. Romantisme tout ça, psychologie, bricolage. Ce qui m'intéresse c'est que le langage lui-même, en lui-même, par lui-même, veut dire quelque chose.

Un exemple. Voici une phrase : par un point pris hors d'une droite on ne peut mener à cette droite qu'une perpendiculaire et une seule. C'est pas croyable cette petite phrase tout ce que ça veut dire, tout ce qu'on a mis des siècles à comprendre ce que ça voulait dire. Ce qu'il a fallu l'interroger pour deviner ce qu'elle voulait dire. Une exploration. D'ailleurs le langage s'explore. C'est bien connu. Un prophète l'a dit.

Donc je me dis : il veut parler. Il fait du bruit. Je regarde, j'écoute, je le prends dans mon appareil phonateur et... tiens, ça dit quelque chose. Ça dit par exemple : rien. Je regarde, ça dit : nier — ... J'écoute et je regarde, ça dit : ni est, hernie — ça dit : renie — hennir — ça dit peut-être encore d'autres choses.

Tout cela par de simples permutations de lettres ou de sons dans un même mot. Si l'on applique les permutations non plus aux éléments d'un mot mais à ceux d'une phrase, c'est-à-dire si l'on permute des mots entre eux — en désordre ou en ordre on obtient aussi de bonnes surprises langagières.

Rien n'est plus facile que d'interchanger les beaux adjectifs. Rien n'est plus beau que d'interchanger les faciles adjectifs.
Avec le substantif déjà la difficulté se fait plus étrange. Avec la difficulté déjà le substantif se fait plus étrange.
On osera même opérer des permutations sur les verbes qui fixent les actions les plus délicates à vouloir. On voudra même fixer des permutations sur les verbes qui opèrent les actions les plus délicates à oser.
Les permutations se font donc ou se peuvent faire entre deux mots appartenant aux mêmes catégories du discours. Elles peuvent se faire selon les diverses modalités des rimes de la poésie dite française, c'est-à-dire : plates, alternées, embrassées.
Permutations plates : le premier substantif, par exemple, de la phrase permutera avec le second ; le troisième avec le quatrième ; etc.
Permutations alternées : le premier avec le troisième ; le second avec le quatrième ; etc.
Permutations embrassées : le premier avec le quatrième ; le second avec le troisième.
On peut envisager un système plus complexe et que l'on pourrait appeler roussellien, en hommage à l'auteur des parenthèses que l'on trouve dans *les Nouvelles Impressions*

d'Afrique. Cette méthode s'appliquera naturellement aux phrases longues, voire aux alinéas quand même ils contiennent plusieurs phrases. Dans ce cas, le premier substantif, par exemple, de la première phrase permutera avec le dernier substantif de la dernière phrase ; le second substantif de la première phrase — s'il y en a un — ou à défaut le premier substantif de la seconde phrase avec l'avant-dernier de la dernière phrase — s'il y en a un — ou à défaut avec le dernier de l'avant-dernière phrase. Et ainsi de suite en se rapprochant des substantifs du milieu. L'opération ne se poursuit parfaitement que dans le cas où les substantifs de l'ensemble sont en nombre pair, sinon le substantif qui se trouve occuper le milieu du nombre des substantifs (par exemple : le huitième d'un texte qui en contiendrait quinze) ne permute pas et conserve son articulation dans le discours.

La méthode offre des résultats souvent intéressants, souvent aussi déconcertants, voire insensés. Il est très difficile de savoir si elle en offre de totalement imbéciles.

EXERCICES PERMUTATOIRES

D'après Racine

> « Tandis que le sommeil réparant la nature
> Tient enchaînés le travail et le bruit,
> Nous rompons ses liens, ô clarté toujours pure,
> Pour te louer dans la profonde nuit. »

PERMUTATIONS PLATES

Tandis que la nature réparant le sommeil
tient enchaînés le bruit et le travail,
nous rompons ses clartés, ô lien* toujours pur,
pour te louer dans la profonde nuit

PERMUTATIONS ALTERNÉES

> Tandis que le travail réparant le bruit *
> tient enchaînés le sommeil et la nature,
> nous rompons sa nuit *, ô clarté toujours pure,
> pour te louer dans les profonds liens *

PERMUTATIONS EMBRASSÉES

> Tandis que le bruit * réparant le travail
> tient enchaînés la nature et le sommeil,
> nous rompons sa nuit *, ô clarté toujours pure,
> pour te louer dans les profonds liens *.

PERMUTATIONS PAR LES EXTRÊMES — type roussellien.

Tandis que la nuit réparant la clarté tient enchaînés nous-
mêmes et nos liens, nous rompons le bruit, ô travail
toujours pur, pour louer la nature dans le profond sommeil.

PERMUTATIONS SUBSTANTIFS ET VERBES

Tandis que le réparateur sommeillant du tenon naturaliste,
travaille et ébruite les chaînes, nous aliénons sa rupture, ô
clarté toujours pure, pour l'approfondir dans la louange
nocturne.

Texte traité :

Hymnes du Bréviaire. *Le Lundi à Matines*, 1re str.

D'après Musset

PERMUTATIONS PLATES

La Muse

Luth, prends ton poète et me donne une fleur ;
Le baiser des bourgeons sent l'églantier éclore.

---

* Prononcer : li-en, bru-it, nu-it.

Le soir naît ce printemps ; les bergeronnettes vont s'embrasser ;
et les vents, en attendant les buissons,
à la première aurore verte commencent à se poser.

Le Poète

Comme il fait noir dans la forme !
J'ai cru qu'une vallée voilée
flottait là-bas sur la prairie.
Elle sortait de la forêt ;
L'herbe rasait son pied fleuri...

PERMUTATIONS EMBRASSÉES

La Muse

Fleur, prends ton baiser, et me donne un luth ;
le poète du soir sent le printemps éclore.
Ses bourgeons naissent l'églantier ; les buissons vont
s'embrasser ;
et l'aurore en attendant la bergeronnette,
aux premiers vents verts commence à se poser

Le Poète

Comme il fait noir dans la prairie !
J'ai cru qu'une forêt voilée
flottait là-bas sur la forme.
Elle sortait de la vallée.
Son pied rasait la rêverie fleurie ;
c'est une étrange herbe...

Texte traité : la Nuit de mai.

D'après G. Albert-Aurier

PERMUTATIONS PLATES

Ainsi que dans les lys du cœur les jupes,
Moi, j'ai grandi parmi les coccinelles maternelles

Et parmi les linons de blancheurs ingénues,
Et depuis toujours, pâle et virginal, je n'eus,
Pour rafraîchir ma jeunesse et ma tête amères,
Que des sœurs de genoux et des mères de doigts !...

PERMUTATIONS EMBRASSÉES

Ainsi que dans les jupes des coccinelles les lys,
Moi, j'ai grandi parmi les cœurs maternels,
Et parmi des jeunesses de têtes ingénues,
Et, depuis toujours, pâle et virginal, je n'eus,
Pour rafraîchir mes linons et mes blancheurs amères
Que des mères de doigts et des sœurs de genoux !...

Texte traité : Irénée *Dossier 15, p.5.*

D'après Raymond Queneau

PERMUTATIONS DES SUBSTANTIFS PAR LES EXTRÊMES — type roussellien.

« La mort d'une souffrance se profila ; simultanément des ennuis. Il y en avait bien des plaies. Il venait d'ouvrir le sommeil, et les labeurs accablés s'agitaient, s'agitaient les chemins qui tout le jour travaillèrent. La réalité indiquée se dégagea de l'apparence d'une oscillation immense et insupportable, un voisin qui paraissait un millier et qui était une inquiétude. Détachée de l'ensemble, l'inquiétude oscilla bousculée par d'autres sens, sans comportement individuel visible, travaillée en formes diverses, moins par ses silhouettes propres que par le mur des banques et ses étouffements d'édifice. Mais cette bâtisse n'était qu'un mur ; en silhouette, le plus court jour d'un homme à une rue, d'un œil à un millier, d'un homme à une silhouette. »

Texte traité : Le Chiendent, *1ᵉʳ chapitre, 1ᵉʳ alinéa.*

D'après Arthur Rimbaud

PERMUTATIONS ROUSSELLIENNES

« Mon désespoir — flatteur — voix monstre ! Comme ça t'est égal ces voix et ces embarras, et mes manœuvres. Attache-toi à nous avec ta malheureuse impossible, ton enfant ! unique mendiante de ce vil camarade. »

« J'ai tendu des étoiles d'étoile à or, des chaînes de fenêtre à fenêtre, des guirlandes de clochers de clocher à corde, et je danse. »

« La haute frondaison fume continuellement. Quels couchants vont se dresser sur les sorcières blanches ? Quels étangs violets vont descendre. »

« Pendant que les nuages publics s'écoulent en feu de cloche, il sonne une fraternité de fête rose dans les fonds. »

« Avivant une agréable reine de fille d'ombre, un côté noir pleut doucement sur son lit. Je baisse les lustres du feu, je me jette sur la veillée — et tourné vers la poudre de Chine, je vous vois, mon encre ! mon goût ! »

Texte traité, Les Illuminations, *Phrases.*

NOTE SUR L'UTILISATION DES PERMUTATIONS
POUR MESURER LA RÉSISTANCE À LA POTENTIALITÉ

L'usage de dictionnaires analogiques est utile. On n'y trouve jamais le mot que l'on cherche, mais à peu près la totalité de ceux dont on n'a que faire. D'où la sensation d'une absence de plus en plus étroitement cernée. Cette absence-trou est la portraicturation véridique de la potentialité.

« Qu'est-ce qu'un trou ? Une absence entourée de présence » disait, après un clown de Médrano, René Daumal. Mais qu'est cette présence ? Que sont ces présences ?

Une controverse s'est élevée au cours de la séance de l'OuLiPo, le 16 Palotin 88. L'Équanime dataire Jacques Bens y disposait, avec une excessive bien que louable désinvolture, du PO de notre ouvroir lorsqu'il affirmait que nos travaux partent des faits et ne partent que des faits. Il éliminait ainsi la potentialité de l'inexistant que tout facteur rencontre avant de se trouver l'auteur d'une œuvre quelconque. Il négligeait, avec trop d'énergie pour que ce ne soit pas révélateur, le fait (puisqu'il les aime) qu'avant d'en être un, un texte n'est pas du tout, est un inexistant. Par quels moteurs cet inexistant a-t-il accédé à l'existence d'un fait accompli. Meurtre perpétré sur quoi, le poème ou roman ?

Cette matière en confusion de la langue, qui nous enveloppe de toutes parts, elle réclame elle aussi sa matériologie. Les faits sont sans importance qui la distraient de son jaillissement au profit des cimetières des anthologies, et peuvent être suscités, comme ils l'ont été si souvent, par les méthodes les plus hasardeuses de la sensibilité. Nous pataugeons dans les faits. En examiner la potentialité est notre préoccupation. Mais partir d'un fait : vers ou prose, cela peut-il nous révéler la résistance ultime de cette potentialité qui est la résistance au langage même : ce qui, dans le langage, ne veut pas parler ?

Comment traquer dans un fait ce qui devient l'objet même de nos opérations ? Car il s'agit bien de tout élever à la dignité de la nomination, fût-ce celle qui se dissimule sous les discours par lesquels les sociétés éteignent prudemment l'éclat du langage.

C'est ici que l'usage des permutations peut nous mettre en face d'un trou. Chaque fois que nous rencontrons des textes tels qu'ils refusent de céder aux essais de permutations, de sorte que, résistant à toute tentative de tirer des pouvoirs cachés d'une modification de leur forme, ils créent sur leurs bords des absences. Essayez par exemple :

Comme je descendais les haleurs impassibles
je ne me sentis plus guidé par les fleuves :
Des cibles criardes les avaient pris pour Peaux-Rouges,
les ayant cloués nus aux couleurs de poteaux.

ou bien :

Comme je sentais les couleurs impassibles
je ne me descendis plus guidé par les poteaux
Des cibles criardes les avaient cloués pour Peaux-Rouges
Les ayant pris nus aux haleurs de fleuves.

La permutation se montre opération machinale. Elle révèle une résistance devant laquelle la plus grande prudence échoue à faire avouer à l'aide de manipulations simples les pouvoirs des mots.

D'autres opérations sont requises.

On imaginera donc non plus de partir d'un fait, d'un texte écrit dans le mépris des possibles permutations, mais d'élaborer ce fait, d'écrire un texte en y ménageant un nombre plus ou moins grand de permutations. On s'apercevra alors que les exigences de ces permutations sont telles qu'elles ridiculisent toute intention de dire, effusion ou leçon, et qu'elles engagent dans des soins grammaticaux qu'il est loisible de porter à une si grande difficulté que l'exploration du langage s'y trouve en effet renouvelée.

Enfin on introduira dans la littérature une lecture que n'a pas toujours su utiliser Héraclite, encore qu'il l'ait peut-être soupçonnée : chaque texte pourra être lu d'une manière plurielle.

Exemple :

L'été délie ses instants quand une rose soudoie le rossignol
Une rose soudoie ses instants quand l'été délie le rossignol

Une rose délie le rossignol quand l'été soudoie ses instants
Ses instants délient une rose quand le rossignol soudoie
[l'été
Le rossignol délie une rose quand ses instants soudoient
[l'été

etc...

On trouvera dans *Drailles* (Gallimard éditeur, 1968) sous le titre *Petit meccano poétique n° 00* une méthode pour écrire ainsi un minimum de 24 poèmes avec 4 mots permutant entre eux, et sous le titre *Poèmes Carrés* quelques exemples des mots capables de développer ces poèmes. Ainsi :

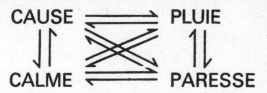

Pluie calme cause paresse
Paresse cause calme pluie
. . . .

Feuille de rose porte d'ombre
Feuille rose à l'ombre d'une porte
. . . .

Jean Lescure.

6

INVENTAIRES

On a souvent constaté (dans certains cas, c'est enfantin) que les utilisateurs d'une langue ne font pas également appel à tous les éléments significatifs du vocabulaire. Certains préfèrent les substantifs, d'autres les verbes, d'autres encore accumulent les adjectifs ou les adverbes. Ce phénomène pourrait donner lieu à une classification en « familles » (de *substantivistes, verbistes, adjectivistes* et *adverbistes*), à des comparaisons entre les familles et entre les membres d'une même famille — bref : à une critique enfin basée sur le *matériau* réel, concret, pondérable, et non plus sur des considérations dites « esthétiques », c'est-à-dire fantaisistes, discutables et brouillonnes.

Une telle étude représente, naturellement, un travail de très longue haleine, nécessitant une grande quantité de documents — travail pour lequel un ordinateur électronique serait presque indispensable. Le principe, très simple, en serait le suivant : ayant déterminé la fréquence moyenne, pour une langue donnée, des éléments significatifs du langage, établir les variations de ces fréquences pour différents écrivains, certes, mais aussi pour des hommes politiques, des savants, des publicitaires et des « parleurs » de toutes natures.

Ce programme est beaucoup trop vaste pour nos faibles possibilités actuelles, limitées au domaine artisanal. D'autre part, il dépasse le cadre des activités de l'OuLiPo dont un des buts reste, essentiellement, de dégager l'affectivité potentielle de textes pré-existants, par des moyens objectifs.

Je me suis borné à extraire les substantifs de certains poèmes. J'ai ainsi obtenu des listes que j'ai appelées *Inventaires,* en hommage au Trt Satrape Jacques Prévert. Ces listes prenaient ou non un sens, évoquaient ou non des images (qui rappelaient parfois le sens et les images du poème original : c'est alors que je décidais, arbitrairement, je l'avoue, que le poète était un *substantiviste*) ; dans le meilleur des cas, ces *Inventaires* accédaient à leur tour à la gloire du poème.

En réalité, je ne me suis pas tout à fait borné aux substantifs. On trouvera plus loin un exemple où substantifs, adjectifs, verbes et adverbes sont successivement présentés. On en profitera pour constater que les trois derniers éléments donnent des listes assez incohérentes et sans signification particulière. Après tout, ce n'est pas par hasard si les *substantifs* sont ainsi nommés : c'est qu'ils soutiennent (et constituent) la *substance* même du langage.

On voit très vite, à l'usage, que ce sont les vers libres qui donnent les meilleurs résultats. (J'entends, naturellement, les bons vers libres.) Je suppose que c'est parce que tous les mots y sont nécessaires, parce qu'ils participent tous du même univers resserré sur lui-même : pas de cheville, pas de remplissage, pas de garniture gratuite et superflue ; pas de possibilité, par conséquent, de perdre le fil d'acier du poème.

J'ai également inventorié le premier paragraphe du chapitre I d'*Isabelle* d'André Gide. On verra que le résultat n'est pas indifférent. Or, cet intérêt se double immédiatement. Car, soutirer la poésie potentielle d'un poème, ce n'est pas rien ; mais la surprendre dans un texte prosaïque,

voilà qui nous satisfait davantage. Si de prochaines expériences nous encouragent, la voie des dépliants publicitaires, des « notes de l'éditeur », de l'Encyclopédie de la
Pléiade et des anas de Léon Treich nous sera largement
ouverte.

J'ai conservé le nombre, le genre et la personne des mots
relevés. Par contre, j'ai ajouté la copulative *et* quand il y
avait plusieurs mots dans un seul vers. J'ai également
introduit des articles, dans le cas des substantifs, pour
donner plus de souplesse (plus d'*articulation,* évidemment)
à ces Inventaires. Ici prend fin l'objectivité : ces articles
sont définis ou indéfinis. J'avoue que le choix entre la
définition et l'indéfinition m'a toujours été imposé par des
considérations hautement subjectives. Mais le moyen de
faire autrement ? A partir du moment où le poème, de
potentiel devenait existant, l'honnêteté commandait de
l'aider par tous les moyens à notre disposition. Après tout,
on interdit généralement au médecin-accoucheur de jeter
la semence lui-même, mais, le grain levé, on ne saurait lui
interdire l'usage des forceps.

                                                Jacques Bens.

EXEMPLE GÉNÉRAL ILLUSTRANT LA MÉTHODE

Il s'agit d'un poème de Jean Lescure, intitulé *La première pierre,*
extrait de *Treize poèmes* (Gallimard, 1960).

LA PREMIÈRE PIERRE	PIERRE
La rue plus bas que terre	Une rue et la terre
le puits sans fond d'où rien ne sort	un puits
la maison où je n'entre pas	une maison
contre la jetée la mer	une jetée et la mer
casse ses vitres comme cassent les cœurs	des vitres et des cœurs

dans des villes où l'on s'accouple pour mourir	des villes
dans les arbres où dorment les derniers navires	des arbres et des navires
à travers le plaisir la distance appareille	le plaisir et la distance
un train passe en hurlant qui cherche le sommeil	un train et le sommeil
et tant de mains qui ne savent ce qu'elles tiennent	des mains
ce qu'une main peut bien réellement tenir	une main
et retenir d'un lit fripé par la sueur	un lit et de la sueur
tant de mains inertes sur la table	des mains et une table
et qu'à cette heure un peu partout la lassitude considère	l'heure et la lassitude
quand ma raison c'est cet octobre	la raison et octobre
tout recouvert du premier sang que tu versas	du sang
et qui goutte à goutte s'égoutte	des gouttes
sur l'amour que je n'oublie pas.	un amour.

AUTRES EXEMPLES

Inventaire de L'œil oblique (*Jean Lescure*, Treize poèmes, *Gallimard*)	Inventaire de Épitaphe (*André Frénaud*. Les Rois Mages, *Seghers*)

L'ŒIL	ÉPITAPHE
Des terreaux	*Une ardoise et le Néant*
des jours	*un jour*
un embroussaillement	*une gueule*
	Des chiffres
Le matelas et la brume	*un zéro*
l'enfouissement l'or et le sommeil	*Un fils et des dents*
la cécité	*un sein*
	Une douceur
des mots	
la neige	
l'ombre	
une invasion et un investissement	

CHANSON	GIDE
Inventaire de Chanson (*André Frénaud*, Les Rois Mages)	*Inventaires du début* d'Isabelle *roman d'André Gide* (*Gallimard*)

Le désert
un bord et un renouveau
un repos
une joie
un matin et une bonté
une dentelle et des fleurs
Noël aubépine blancheur

un amour

Un sourire et une plénitude   Une peine l'impatience et la vie
une colombe   des ans et des livres
des caresses   un romancier
des mains et de la neige   la malignité les événements
                               les yeux et le côté
Un pays   une prise.

Un merci
le néant
une écaille
un étal et une vie
un désert
du sel et des larmes
une tendresse
Noël aubépine blancheur

INVENTAIRE COMPLET

Inventaire complet du poème de Paul Eluard : La halte des heures
(*Le Livre ouvert II*).

LA HALTE DES HEURES

SUBSTANTIFS	ADJECTIFS	VERBES	ADVERBES
Des mots	Immenses	Dits	Doucement
Un soleil et des volets	Grand	Fermés	

Un navire un fil et de l'eau	Grand			
Des voiles et du vent		Partageant		
Une bouche		Faite et cacher	Bien	
Une bouche et un serment	Autre			
Des voix	Deux	Ne dire		
Un secret et la nuit		Il raye		
Un rêve et des innocents	Seul			
Un murmure et un matin	seul et seul			
Des saisons				A l'unisson
La neige et le feu		Colorant		
Une foule		Réunie	Enfin	

ENCHAÎNEMENTS
ET TENTATIVES À LA LIMITE

1. ENCHAÎNEMENTS

Après une belle carrière sous le Bas-Empire romain [1] et un renouveau très marqué dans cet étonnant XVIIe siècle où l'on trouve maintes racines de la littérature potentielle, le centon était tombé — malgré quelques brillantes exceptions dont celle, de nos jours de Jean Cocteau — dans un oubli presque complet. J'ignorais toutes ces recherches lorsque, avant 1920 — à une époque où l'idéal de la poésie expérimentale me hantait déjà, mais à la vérité, assez faiblement — je m'amusais aux quatrains suivants. Faut-il m'excuser d'avoir été jeune? Je ne livre ces fossiles qu'à titre d'exemple de ce qui pourrait être tenté sur des bases à la fois plus larges et plus raisonnables.

Imaginons, en effet, que l'on classe tous les vers français — et, pour commencer, tous les alexandrins — d'après leurs rimes. Un tel dictionnaire ne constituerait-il pas un corpus précieux? Et qui peut assurer que les poètes — du moins ceux qui sont encore fidèles à la rime — n'y

---

1. Citons une *Vie de Jésus Christ*, entièrement composée, au Ve siècle, par Eudoxia, épouse de Théodore le Jeune, avec des fragments empruntés uniquement à *l'Iliade* et à *l'Odyssée*.

trouveraient pas les ressorts de quelques œuvres tout aussi enivrantes que celles qui doivent une partie de leurs mérites aux suggestions, parfois excellentes, du simple dictionnaire de rimes.

Avec les machines électroniques à manipuler les informations, un tel recensement permettrait de transformer assez facilement ce rêve en réalité. Sans doute ne pourrait-on — tant qu'on s'en tiendrait aux seuls alexandrins — envisager que des épigrammes, des sonnets, des tragédies, des épopées ou quelques autres formes de ce genre. Mais cela permettrait de patienter jusqu'à ce que de nouveaux corpus d'heptasyllabes ou d'octosyllabes permettent d'aborder le domaine plus délicat des contre-rimes.

1

Avez-vous vu dans Barcelone
Deux grands bœufs blancs tachés de roux
Dont un beurre gluant inondait tous les bords?
Tiens, dit-elle en ouvrant les rideaux : les voilà!

2

Un sot trouve toujours un plus sot qui l'admire...
Je le suis, je veux l'être! O siècles! O mémoire!
Ce perruquier célèbre et l'enfant du quartier,
Enfouissez le moi plutôt dans une armoire!

3

Non il n'est rien que Nanine n'honore.
Et le garde [1] qui veille aux barrières du Louvre
Il gagnait douze cent cinquante francs par mois
Mals tus par l'encre même en sanglots sibyllins.

---

1. Nous espérons que les amateurs férus de Malherbe — aux côtés desquels nous nous rangeons — ne nous reprocheront point trop vivement la transformation de cette garde en un garde. C'était le seul moyen de relier le troisième vers au second.

4

Le Chêne, un jour, dit au roseau :
« Calme bloc ici-bas chu d'un désastre obscur
Vous mourûtes aux bords (où vous fûtes laissé)[1]
D'une langue en ragoût de persil couronnée. »

2. TROIS TENTATIVES A LA LIMITE

1° POÈME COMPOSÉ D'UN SEUL MOT

FENOUIL

(1957)

2° RÉDUCTION D'UN POÈME A UNE SEULE LETTRE

T.

(1957)

3° POÈME BASÉ SUR LA PONCTUATION

:
1, 2, 3, 4, 5.
6 ; 7 ; 8 ; 9 ; 10.
12 ?
11 !

(1958)

Commentaires

On ne sait bien où conduit un chemin qu'en le parcou-
rant ou, tout au moins, en y jetant un coup d'œil pour voir
s'il se termine, à peu de distance, en cul de sac, ou s'il n'a
pas de fin visible. Même les impasses ont leur intérêt ; il est
de nous éclairer aussi bien sur les limites que sur les

1. Voir page 171.

pouvoirs qui sont associés à telles contraintes ou à tels mécanismes.

Prenons le poème composé d'un seul mot. Combien de lecteurs le trouveront-ils parfaitement dépourvu d'intérêt et pour combien d'autres aura-t-il (comme pour l'auteur) une charge poétique ? Si une réaction d'émotion intense est hautement improbable, l'indifférence totale est-elle possible ? Ainsi l'expérience d'une tentative à la limite peut-elle nous aider à prendre conscience de ce qui se passe à une échelle plus large. A partir de combien de mots un poème est-il possible ?

J'ai bien peur que la réduction d'un poème à une seule lettre ne se trouve de l'autre côté de la limite permise. Mais on peut bien s'amuser, non ? De toute manière, l'auteur n'a pas voulu renouveler cette performance. Il abandonne à 25 de ses confrères le soin de constituer l'ensemble complet des 26 poèmes basés — à partir de l'alphabet latin — sur ce principe.

En poésie, comme en prose, la ponctuation joue un rôle mineur par rapport aux mots. Le troisième des poèmes ci-dessus [1] constitue une tentative pour renverser ce rapport. C'est la ponctuation qui est chargée de faire vivre le poème, voire même de susciter quelque surprise. Je n'irai pas jusqu'à prétendre que la ponctuation fait tout l'intérêt de ce texte ; mais elle y joue un rôle capital à partir du moment où l'on pourrait imaginer des variantes dans lesquelles les mots seraient remplacés par d'autres mots, l'effet recherché étant le même puisqu'il serait assuré par la ponctuation.

François Le Lionnais.

1. La parenthèse a été ajoutée et le dernier mot mis au masculin, afin de préciser le sens du quatrain. Nous nous en excusons auprès de Jean Racine. Il va de soi que nous considérerions aujourd'hui comme inexcusable de prendre cette sorte de liberté.

EXERCICES D'HOMOSYNTAXISME

[Il s'agissait d'écrire un texte en prose en respectant la structure suivante (V = Verbe, S = substantif, A = adjectif) :

VVSSSSASSVVSSSVSVASASVSASSSSVVSSASSV

Ce genre d'exercice ne représente certes pas de grandes difficultés mais il peut servir de gamme à des débutants et, qui sait, moyennant quelques contraintes supplémentaires ouvrir la porte à des œuvres de haute qualité.]

Voyez valser les saucisses, les salamis, les salaisons, les salpicons. Abject salmigondis ! Et quelle salade !

Venez voir le sabbat des suppôts de Satan qui vessent, les salauds, et qui vomissent.

Adorable Suzanne, angélique Suzanne, vas-tu au secours de ces affreux soûlots, de ces silènes, de ces sybarites, de ces satyres ? Veux-tu qu'ils te violent ?

Sainte-Nitouche [1] aux saillies ardentes de ces soudards, au stupre, tu voles ! [2].

Noël Arnaud.

1. Ou, si l'on conteste ce substantif : salope.
2. On notera que tous les adjectifs commencent par A, tous les substantifs par S, tous les verbes par V.

Il vous arrivera peut-être de rencontrer en quelque endroit du monde la cantatrice chauve. Aux délices de l'acapillarité elle joint — vous ne le constaterez pas sans envie — les joies de l'aphonie ; lorsqu'elle chante, le silence s'enrichit de mélodieuses absences, d'exaltantes surdités. Voulez-vous un opéra vraiment fabuleux, sans son et lumière, sans gestes et paroles ?... Demandez à voir au Conservatoire les musiciennes les plus sommairement coiffées ; peut-être la rue de Rome se rachètera-t-elle enfin !

                                        Ross Chambers.

Regardez, vous arrivez sur la place où les femmes, les enfants et les hommes endimanchés, la curiosité de tout un peuple se montre. Vous reconnaissez un visage, un ami. Un souvenir vous trouble. Votre expression s'altère. Bouleversée par la clameur grandissante de la foule vous fermez les yeux. Cette belle assurance que les cauchemars et les nuits sans sommeil n'avaient pas entamée, l'orgueil de la reine déchue, devant la mort, devant la guillotine, cédera-t-il ?

                                        Jacques Duchateau.

J'aimerais lire des homosyntaxismes, des exercices de style et autres structures oulipiennes, mais surtout pas de plagiats par anticipation. Après quoi, pourquoi ne pas savourer (et même bâfrer) des volailles, brouchtoucailles ou autres boustifailles en humant le piot ? Tout cela suivi d'une bonne sieste, certes reposante après un tel repas. Puis, beuglant une ritournelle grivoise (et que ce soit par avion, bateau, bicyclette ou auto), je voudrais voir la Patagonie, la Pologne, la doulce France, Naples et mourir.

                                        François Le Lionnais.

J'ai vu l'Afrique, l'Asie, l'Europe, l'Amérique absurde, les pôles et les mers. J'ai goûté aux îles, aux prairies, aux neiges. J'aime leur néant. Je vis une vaste mort, une épaisse destruction. Je désire l'ombre assise, la surdité des pierres, la rigolade des averses. J'aurai marché dans des soleils, des merdes énormes, des bouillasses. Les jeux se font.

Voyons voir : le nez, le nase, le nose, le pif et, ruficarpe, le paf, le pouf auraient paru de l'ambre, de l'ombre, et même été du ciel, incarné la divine puissance, l'angélique vigueur si aimer le vent odoriférant, les cuisines, les fleurs, les viandes, les latrines, pouvait servir de module et de structure ontologique au besoin et à la fatalité de pisser.

J'vas vous dire : toute cette bouillasse cette bousaille, cette flottaille, cette hydrodynamique biblique, toutes ces inondations et déluges nous font voir que les atolls, les îlots, les archipels sont là pour nous apprendre que l'aimable humanité, l'exquise féminité même se momifieront le jour prochain où le feu des soleils et des bouses de vache aura enfin illuminé un esprit et une âme trop aquatiques pour que leur solitude et leur lumière les assèchent.

Jean Lescure.

Voyons voir : César, Auguste, Tibère, Caligula l'équestre ; Claude ; Néron qui jouait à ravir du violon, Galba, Othon qui précéda Vitellius lequel n'était pas borgne ; Vespasien le polyurique ; Titus, qui précéda Domitien le sanguinaire, Nerva, Trajan et sa colonne, Adrien qui fit construire, Antonin, Marc-Aurèle, le cruel Commode... Et après Commode ? Y'en n'a plus !

Georges Perec.

Vous voyez : vous revenez dans la cité de vos ancêtres. Les toits des maisons basses, les ruelles, le ruisseau même vous accueillent, vous sourient. Le maréchal-ferrant, la laitière, le quincaillier lèvent la tête, s'étonnent d'un si grand prodige, d'une si merveilleuse aventure : vous rentrez au pays ! Goguenards, à l'heure de la récréation, les enfants du collège pouffent et s'écrient : « A la garde ! » Cependant que le concierge, mutilé de la campagne du Rif, les semonce.

Jacques Bens.

Veni, vidi... Tétons et ventres, appâts de filles équanimes, leurs tifs, leurs poils, vous font-ils pas arquer ? Sexe, cœur, cervelle s'agitent. (C'est le lendemain qu'on chante faux. Cordes vocales : câbles.) Nous n'irons plus au bois, cornus. Messages, ménages, messalines, mezzanine, qu'elles aillent se faire... La vengeance, plat froid, nectar, délice, mitonne.

André Blavier.

Puisque nous en sommes à rapprocher la culotte du zouave et la plume de ma tante ou, plus vite insinuée, la main de ma sœur, que nous nous proposons de substituer l'habit au moine, que notre carte déjà se fait territoire, que nous étirons, frénétique, les graphes d'une hypothétique grammaire qui soutenait pourtant la chair doucereuse des mots : alors que le cri, le dialogue, la communication s'estompent ici, que triomphe plutôt la sécheresse du paradigme à l'indéchiffrable structure afin que désormais l'homosyntaxisme s'incarne !

Paul Braffort.

Dormir, rêver que les nuées, les nuages, les nimbus, les cumulus menaçants, les stratus et les cirrus vont et viennent dans les airs comme des oiseaux ou des insectes ou encore comme des esprits qui sillonnent l'espace, voltigent au-dessus des vives eaux et des claires fontaines et flottent sur les forêts, les sombres bois, les bosquets et les boqueteaux, voilà ce qui arrive et advient à tout homme, à tout adulte sain d'esprit lorsque la nuit tombe.

Raymond Queneau.

Saint Paul, dans son sommeil.

J'aimerais rêver dans la cité de tes ancêtres. Les toits des maisons basses, les ruelles, le ruisseau même défavorisent et même entraveront le maréchal-ferrant et la laitière. Le bouton avorte avant le moment de s'ouvrir. Timidement la corolle déjà flétrie, sans force, retombe sur l'aiguillon. Adorables, les forêts, les bois, les boqueteaux attendent de te voir, salope aux saillies ardentes. Le soudard, encore capable d'épanouissement, te les montre.

Jean Queval.

La formule de base qui avait été proposée aux impétrants était tirée du Texte-source suivant, figurant dans R. Queneau, *Les Enfants du Limon* (page 25) :

On a perdu la clef de la boîte de sardines. Des sardines d'excellente qualité. Le sel s'est dispersé dans le fond de la musette. La sauce tomate se répand sur la robe de celle-ci, celle-là s'assoit dans le gras de jambon. Un gros bourdon voltige autour des miettes beurrées. Papiers, épluchures, détritus et boîtes vont agrémenter la nature de produits manufacturés. Dans ce temps-là, le campigne n'existait pas encore.

CHIMÈRES

Né dans la mythologie, repris par la biologie moderne, le principe des chimères semble pouvoir être transposé, de plusieurs manières différentes, dans les structures littéraires. Les deux exemples qui suivent appliquent un même procédé :

Soit un *texte-source* A : On le vide — au sens que ce terme prend dans l'expression « vider un poulet » — de ses substantifs, de ses adjectifs et de ses verbes, en marquant toutefois la place de chaque substantif, adjectif et verbe. On dira alors que le texte est *préparé*. Jusqu'ici le point de départ est le même que celui des homosyntaxismes.

Soit trois *textes-cibles* K, L, M : On extrait les substantifs de K, les adjectifs de L et les verbes de M.

Reprenant le *texte A préparé* on remplace les substantifs supprimés par les substantifs de K, dans l'ordre où ils ont été extraits ; même opération pour les adjectifs de L et les verbes de M.

Après avoir rectifié, aussi légèrement que possible, le texte ainsi obtenu pour éliminer certaines incompatibilités on aboutit à un *texte-accommodé*.

*

L'exemple qui suit part du même texte-source que celui des exercices d'homosyntaxismes précédents, c'est-à-dire d'un passage des « Enfants du Limon » de R. Queneau.

K : Pour les substantifs un poème de Li Po [1] : « En offrant le vin » page 232 de l' « Anthologie de la poésie chinoise classique » par Paul Demiéville.

L : Pour les adjectifs le début de « Fantômas », Tome I, Chapitre 1 « Le Génie du crime ».

M : Pour les verbes le début de l'introduction d'un ouvrage d'Alexandre Grothendieck : « Sur quelques points d'Algèbre homologique » paru dans le Journal Mathématique de l'Université de Tohoku.

---

1. Forcément.

Liste K Substantifs extraits de Li Po *Anthologie de la poésie chinoise*	Liste L Adjectifs extraits de *Fantômas*	Liste M Verbes extraits de *Sur quelques points d'algèbre homologique* par A. Grothendieck
vin	gros	a
eaux	rouge	exploiter
fleuve	claire	trouver
ciel	immémorial	permettant
mer	consécutifs	englober
miroirs	intermittente	est
salle	jeune	recouvrant
cheveux	indépendante	donner
aube	riche	peuvent
soie	mondaine	appliquer
crépuscule	clair	a été
neige	réputées	fournit
homme	pittoresque	traiter
plaisirs	voisines	esquisse
heure	extrême	a permis
gobelet	agréable	transportant
lune	gentil	ont été
ciel	étranges	exclure
dons	mystérieux	contenant
vent	pressantes	employons
onces	grand	contiennent
or	nouvelles	sont
mouton	vieux	donne
bœuf	flatté	obtenir
plaisir	circulaire	redéveloppons
traite		représente

Texte-source tiré de *Les enfants du limon* Page 25 :

DÉJEUNER SUR L'HERBE

On a perdu la clef de la boîte de sardines. Des sardines d'excellente qualité. Le sel s'est dispersé dans le fond de la musette. La sauce tomate se répand sur la robe de celle-ci, celle-là s'assoit dans le gras de jambon. Un gros bourdon voltige autour des miettes beurrées. Papiers, épluchures, détritus et boîtes vont agrémenter la nature de produits manufacturés. Dans ce temps-là le campigne n'existait pas encore.

*

Texte-accommodé :

VIN SUR L'EAU

On a exploité le fleuve du ciel de la mer. Des miroirs de grosse salle. Le cheveu se trouve permis dans l'aube de la soie. Le crépuscule neige s'englobe sur l'homme de celui-ci, celui-là c'est dans le plaisir de l'heure. Un rouge gobelet recouvre autour des lunes claires. Ciel, dons, vents et onces donnent pouvoir l'or de mouton clair. Dans ce bœuf-là le plaisir n'appliquait pas.

François Le Lionnais.

LA REDONDANCE
CHEZ
PHANE ARMÉ

Si l'on retient les sections rimantes (pas nécessairement réduites à un mot) de certains sonnets de Stéphane Mallarmé, on composera des poèmes haï-kaïsants qui, loin de laisser échapper le sens de l'original, en donneront au contraire, semble-t-il, un lumineux élixir, à tel point qu'on peut se demander si la partie délaissée n'était pas pure redondance.

Le manipulateur a choisi pour ce faire huit Sonnets.

1. Quand l'ombre menaça de sa fatale loi...
2. Le vierge, le vivace et le bel aujourd'hui...
3. Victorieusement fui le suicide beau...
4. Ses purs ongles très haut dédiant leur onyx...
5. La chevelure vol d'une flamme à l'extrême...
6. Le tombeau d'Edgar Poe.
7. Le tombeau de Charles Baudelaire.
8. Au seul souci de voyager.

Quelques interversions et la ponctuation ajoutée ne paraissent pas devoir affaiblir la portée de la démonstration.

Raymond Queneau.

1

Fatale loi
de mes vertèbres :
plafonds funèbres
en moi

Séduire un roi
par les ténèbres
célèbres
de sa foi...

La Terre :
moins
mystère

Le génie
se nie
pour témoins

2

Coup d'aile ivre,
sous le givre,
aujourd'hui
pas fui !

La région où vivre
se délivre ;
l'ennui,
c'est lui,

Cygne
assigne
mépris
pris

Agonie
le nie

3

le suicide beau ;
tempête !
mon absent tombeau
s'apprête...

Même le lambeau
nous fête,
tête
sans flambeau.

La tienne,
re-tienne
en t'en coiffant,
tu la poses,
enfant
des roses.

4

Leur onyx ?
lampadophore !
Le Phénix ?
amphore !

Nul ptyx
sonore
au Styx
s'honore.

Un or,
décor
contre une nixe,

encor
se fixe :
septuor !

5

A l'extrême,
déployer
un diadème.

Son ancien foyer,
toujours intérieur,
continue,
véridique ou rieur,
cette vive nue.

La femme
diffame
l'exploit
au doigt
qu'elle écorche,
torche...

6

Change
nu
pas connu :
étrange !

L'ange
de la tribu,
sortilège bu,
noir mélange,
ô grief !

Un bas-relief
s'orne
d'un désastre obscur :
sa borne
dans le futur

7

Anubis,
farouche,
bouche
pubis
louche.
Rubis
subis,
le réverbère débouche.

Dans les cités sans soir
se rasseoir
avec frissons
de Baudelaire
tutélaire,

nous en périssons.

8

Voyager
trouble.
Messager
double.

Caravelle
en ébats
bas.

Nouvelle
monotonement
ne varie :
Gisement,

pierrerie,
jusqu'au
pâle Vasco.

ESSAIS DE LA MÉTHODE
DU T. S. QUENEAU
SUR QUELQUES-UNS
DE SES SONNETS

Nous avons eu la curiosité d'appliquer la méthode proposée par le Tr[t] Satrape Queneau dans son étude sur la *Redondance chez Phane Armé* à ses propres et tr[ts] sonnets. Certains résultats nous ont paru dignes d'intérêt et nous les communiquons ci-dessous. Il s'agit de deux Sonnets qui ont paru dans le Cahier 21 (sur la Morale) ; les deux autres font partie du recueil *Sonnets* (éd. Hautefeuille, 3, rue Hautefeuille, Paris) que nous avions jadis recommandé à l'attention du Collège. Pour le dernier sonnet un effet de vers réguliers a été recherché. Il est à noter que, dans le Cahier 21, le Sonnet du Général Pittié qui jouxte ceux du T. Satrape, résiste au traitement. Le verbe militaire ne se laisse pas entamer, lui.

Latis.

L'ORDURE

Pardonner
La connerie.
Amant musqué,
Oh ! chierie !

Du juge bâté
L'ânerie :
Policier
En vaine vacherie.

Cureton brille,
Couillon il babille
Sa morale de con

Qui dégobille
D'une chenille
Mon cocon.

LE TEMPS DES OISÈAUX

Voilà bien
Qui s'embourgeoise !
Comment ça vient ?
L'on merdoise.

Et son chien
Ou la framboise
Bons à rien
L'on apprivoise.

Un mammifère ?
De la terre
le pingouin ?

Un planisphère,
Ma sphère :
Tintouin.

QUI CAUSE ? QUI DOSE ? QUI OSE ?

Je n'ose dire,
Pas osé.
Le dire
Je n'oserai.

Dire
Réduirait.
Produire
Produirait.

Si je l'ose,
Courte pause,
Le quatrain,

Qui cause,
Qui ose
Une fin.

AMPHION GÉOMÈTRE

Le long d'un polyèdre
Le crible d'un rameur,
Navigant quadrupèdre
Débordant de vapeur.

L'envol de la mouèdre
Étalait sa mousseur ;
Surnageait un aèdre,
Caressait le rhétéur.

Poisons de sa corolle
Irisaient la vérhole
Au son d'un bilboquet.

Je n'étais plus explole,
Je n'étais plus topole :
L'èdre poli flottait.

COMPLÉMENT
À LA
REDONDANCE CHEZ PHANE-ARMÉ

Appliquée aux Hymnes traduits du bréviaire romain par Jean Racine, la méthode ci-dessus décrite par Raymond Queneau fait apparaître quelque chose de sensiblement différent de la redondance : peut-être l'intrusion précisément de Racine dans le bréviaire, une mythologie proprement racinienne de l'amour, et mondaine. Comme si, dans le choix des rimes, s'avouaient à la fois une grande banalité historique et la plus secrète singularité.

Jean Lescure.

LE LUNDI

à Matines

La nature
le bruit !
Toujours pure
profonde nuit

Sombre
tour
ombre
du jour

nos armes
tes yeux
larmes
des cieux

prière
nœud divin
lumière
sans fin. [1]

à Laudes

Lumière
beauté !
grossière
clarté

Adorable
jour,
secourable
amour

Père
du temps
espère
enfants.

Courage
envieux
d'orage
à tes yeux.

1. La deuxième strophe résiste au procédé.

Ta route
divine loi
aucun doute
notre foi.

Céleste
cœur
reste
vigueur.

Vermeil
matin
pareil
déclin

sur l'hémisphère
luit aujourd'hui
son divin père
entier en lui

Fonde
toujours
monde
leurs cours.

à Vêpres

Matière
seulement
barrière
firmament.

Liquides
ruisseaux
arides
eaux

féconde
langueur
du monde
cœur

propice
éclairé
artifice
conjuré

incréée
la paix
inconstante durée
jamais.

LE MARDI

à Matines

Espérance
des cieux
silence
Sur nous les yeux

Puissante
voix
languissante
loi (s).

Fidèle
assemblée
immortelle
comblée

prière
nœud divin
lumière
sans fin.

à Laudes

Réveille
la nuit
qui sommeille
son jour nous conduit.

Oisive
langueur
attentive
à votre cœur

Sa lumière
et nos yeux
ardente prière
pénètre les cieux

Justice
romps l'assoupissement !
le vice
brille à tout moment !
Fonde, etc...

à Vêpres

Œuvres tracées :
chaos.
Terres balancées :
les flots.

De feuillages
les ans ;
de pâturages
les champs.

Ame abattue,
fruits heureux.
Chair corrompue,
les feux.

Des vices
volontés,
délices
seules bontés !

Incréée, etc...

Le poème suivant peut donner deux versions, une brève et
une plus longue : on les comparera avec fruit.

LE SAMEDI

à Laudes

Est	Vermeille
qui	la suit :
se	réveille
dans	la nuit.

Troupe	Menteuse,
la nuit	enfantez !
Moire	Honteuse,
sa vesse	présentez !

De la   Lumière
marque   notre fin.
Heure   Dernière
est   sans matin.

Taie pro-   Fonde
dors   toujours,
errera le   monde,
on finit   leurs cours.

TÊTE-À-QUEUE
OU DOUBLE HAÏ KAÏ

Prendre le (ou les) premier(s) mot(s) d'une suite de vers et les accoler au(x) dernier(s). Cela donne un double haï kaï.

[Texte-Source : Hugo, *Les Contemplations*, III, 5, *Quia pulvis es,* 2e str.]

> Ceux qui passent
> disent, s'effacent.
> Quoi, le bruit !
> Quoi, les arbres !
> Vous les marbres
> Vous la nuit...

Marcel Bénabou.

[Signalons un plagiat par anticipation de Tristan Derême, cité par Roger Grenier dans *Le Palais d'Hiver*, p. 68 :

> Heureux qui fit un beau voyage
> Heureux qui conquit la toison
> Et puis plein d'usage et raison
> Revint chez lui finir son âge...
>
> Quand reverrai-je mon village
> Qui fume et en quelle saison...]

PROVERBES

[Prendre deux vers qui riment, isoler les derniers mots de
chacun ; rapprocher les fragments ainsi obtenus.
　Texte source : V. Hugo, *Les Contemplations*, I, XXVII ;
III, II ; IV, XV.]

Qui garde cap au nord
n'a jamais eu tort.

A qui meurt sans bière
Dieu ferme la paupière.

Sombre nuit
meurt sans bruit.

Machine sombre
mâche l'ombre.

Qui doute de tout
flatte l'égout.

Un bruit sinistre,
c'est un ministre.

Dans un enfer ;
tout est de fer.

Mal de splendeur vêtu,
c'est la vertu.

Des champs de fèves
pareils aux rêves.

Marcel Bénabou.

POÉSIE ANTONYMIQUE

La P. A. est une technique de création poétique qui consiste à remplacer chacun des mots d'un poème donné par son antonyme [1]. Ce n'est pas simplement le plagiat à l'envers, tel que l'a pratiqué par exemple Lautréamont dans les *Poésies*. On ne cherche pas, ici, à dévoiler l'absurdité d'une pensée, d'une maxime, en énonçant la maxime contradictoire : il s'agit d'autre chose que d'une inversion de signe. C'est chaque mot pris en lui-même qui est ici « traité ». Ainsi est sauvegardé le caractère potentiel du procédé : il préserve la possibilité d'obtenir des séquences parfaitement inattendues.

La technique s'apparente à divers procédés oulipiens, tels que : l'isomorphisme, S + n, le P. A. L. F.

1. *Isomorphisme* : la P. A. est une forme particulièrement pure d'isosyntaxisme. La structure grammaticale du poème-père se retrouve intégralement, ainsi que la structure rythmique. On peut même tenter de combiner l'isosyntaxisme avec, par exemple, un isovocalisme ou un

1. Définition de l'antonyme : « Deux expressions sont antonymes quand leurs signifiants peuvent se substituer l'un à l'autre dans un énoncé, sans en modifier la structure, et quand leurs signifiés se présentent comme les deux espèces exclusives ou dominantes d'un même genre » (J. Pohl, *Mélanges M. Cohen*, 1970, p. 192.)

isoconsonnantisme. Le procédé s'accommode en outre de quelques variantes : l'isosyntaxisme peut être *direct* (on « traite » les mots dans l'ordre où ils apparaissent dans le poème-père), mais il peut aussi être *inverse*, soit qu'on commence par le dernier mot du poème (cela donne le *poème antonymique à rebours* qui, si les lois mathématiques s'appliquaient rigoureusement au langage, devrait aboutir à la pure et simple reconstitution du poème-père, puisque celui-ci a subi une double négation), soit que l'on se contente d'inverser l'ordre des mots au niveau du vers seulement.

2. S + n : il s'agirait plutôt ici d'un $S \times n$, où $n = -1$.

3. *P. A. L. F.* : le dictionnaire ici utilisé serait un dictionnaire des antonymes.

Un premier essai de poésie antonymique, s'appuyant sur de courts fragments des *Illuminations*, figure dans les « Subsidia Pataphysica », 3ᵉ série, nº 15, p. 33.

L'AZUR

De l'éternel azur la sereine ironie
Accable, belle indolemment comme les fleurs,
Le poète impuissant qui maudit son génie
A travers un désert stérile de Douleurs.

Fuyant, les yeux fermés, je le sens qui regarde
Avec l'intensité d'un remords atterrant
Mon âme vide. Où fuir ? Et quelle nuit hagarde
Jeter, lambeaux, jeter sur ce mépris navrant ?

Brouillards montez ! versez vos cendres monotones
Avec de longs haillons de brume dans les cieux
Qui noiera le marais livide des automnes
Et bâtissez un grand plafond silencieux !

                                        S. Mallarmé.

LA GUEULE

De la gueule éphémèr(e) la gravité soucieuse
Allège, laide insolemment comme l'épine
Le prosateur fécond qui bénit sa torpeur
Au sein d'une oasis fertile de Bonheurs

Immobile, œil ouvert, je la vois qui néglige
Avec l'inanité des oublis édifiants,
Mon corps repu. Où être ? Et quelle aube impérieuse
Voler, toute, voler à ce culte enivrant ?

Éclairs, tombez ! Portez vos braises chatoyantes
Avec de courts manteaux d'Azur dessus les terres,
Qui séchera le champ mordoré des printemps
Et transpercez un sol léger et séditieux !

                                        Marcel Bénabou.

ALEXANDRINS BLANCS
CHEZ VICTOR HUGO

On a pris *L'Histoire d'un crime* (Jules Rouff, éditeur).
Dans cette prose polémique, on a détecté des alexandrins. Avec ces alexandrins, on a composé un sonnet.
Outre une mise en valeur éventuelle des obsessions de l'auteur (et la fréquence de ces alexandrins en prose), on peut retenir le mouvement retourné : c'est le poète, croirait-on, qui enlèvera la forteresse. La démonstration, si c'en est une, n'a pas été sollicitée : deux des vers ne sont pas de Hugo, mais d'une proclamation, par lui citée, signée de Louis-Napoléon Bonaparte et Morny. Le lecteur verra qu'en deux occasions, on s'est contenté d'assonances.

C'EST UN SONNET INÉDIT DE VICTOR HUGO

Tout le monde dormait toujours dans le palais
Il cria d'une voix terrible : — Colonel
Je voudrais le mal que je ne le pourrais pas
Vous violez la loi vous êtes criminel

Les soldats firent les faisceaux dans l'avenue
L'ex-colonel Espinasse baissa la tête
L'état de siège est décrété dans l'étendue
Étant servi je mangeai une côtelette

Portant une lanterne sourde et un merlin
On entrait sans obstacle chez Monsieur Dupin
Et lui remettait à bout portant une lettre

On se serra la main Michel me dit : « Hugo
Que voulez-vous faire ? » Je lui répondis : « Tout »
Je posai sur le lit de ma femme une boîte.

*

On avait l'intention de composer un sonnet avec les
alexandrins qui pullulent dans les indications de mise en
scène écrites pour *Hernani*. La matière s'est révélée rebelle
à cet exercice. L'artiste compilateur s'est trouvé déporté
vers une aventure autre, si l'on veut présurréaliste, avec
des reflets de voyance, des connivences avec le roman
gothique. Oui, si on le veut bien.

VICTOR CHER CAROLUS

Gros piliers bas pleins cintres chapiteaux d'oiseaux
Dona Sol magnifique en habit de mariée
Disparaît par la rampe de l'escalier
Aux yeux du vieillard étonné
Gros piliers bas pleins cintres chapiteaux d'oiseaux
Aux soldats en triple haie dans la salle
Soldats portant des torches et des pertuisanes
Il ouvre la porte du tombeau qu'il referme
Il leur rend le salut soulevant son chapeau
Il ouvre tout à fait la porte du tombeau
Porte de bronze
Gros piliers bas pleins cintres chapiteaux d'oiseaux
Le roi déconcerté s'éloigne avec colère.

Jean Queval.

TROIS POÈMES EMPRUNTÉS

TU SERAS STAR

L'argent dans un gros portefeuille gris d'usure
Ils ont brisé le cœur qu'ils ne comprenaient pas

Après avoir mangé l'herbe des pâturages
Et des rubans flottant sur ses fesses osseuses
Certainement elle deviendrait une star

Ils ont brisé le cœur qu'ils ne comprenaient pas

L'IMPATIENCE D'UN AMANT

Comme un ministre sûr de sa majorité
Un nuage de poussière entre dans la baraque
En vacillant et commande un litre de blanc

Qu'allait-il faire Alice n'était pas venue
Il ne se passait rien il n'y avait personne

Bouts de macaroni sur la table d'un goinfre
Que faites-vous ainsi rangés et immobiles
Avez-vous des parents des amis des maîtresses

PROUST À CABOURG

Semblent-elles d'une transparence assez chaste
Voyez les pêcheurs vont passer la nuit en mer
Et vous vous marierez demanda la duchesse
Messieurs dit le jeune mari sommes-nous bien
Qui se la coule douce à faire le voyeur
A faire le voyeur
Voyez les pêcheurs
Semblent-elles d'une transparence assez chaste

Il s'agit bien de « poèmes empruntés », de collages si l'on préfère. Vers par vers, voici les sources :

Simenon, *le Petit homme d'Arkhangelsk*, p. 31. — Balzac, *Physiologie du mariage*, p. 645. — Balzac, *Séraphita*, p. 588. — Queneau, *le Chiendent*, p. 171. — *Ibid.*, p. 136. — *Physiologie du mariage*, p. 645. — *Ibid.*, p. 849. — *Le Chiendent*, p. 57. *Ibid.*, — Simenon, *les Fiançailles de M. Hire*, p. 201. — *Le Chiendent*, p. 74. — *Ibid.*, p. 140. — *Ibid.*, p. 129. — *Séraphita*, p. 588. — *Physiologie du mariage*, p. 677. — *Le Chiendent*, p. 129. — *Physiologie du mariage*, p. 892. — *Ibid.*, p. 751. — *le Chiendent*, p. 156. *Ibid.* — *Ibid.*, p. 129. — *Physiologie du mariage*, p. 677.

Références aux livres : pour Balzac, la Pléiade ; Simenon : Presses de la Cité, poche ; Queneau, exemplaires en vente en 1970 chez tous les libraires.

Quelques explications

Il a été recopié 132 alexandrins, mais il en avait été découvert un bien plus grand nombre. Avec tous ces vers blancs, grande dispersion des rimes. Quoique peu rythmé (et même à peu près pas du tout), le français est riche en rimes (en anglais, c'est plutôt le contraire). Cette dispersion phonétique contraignait à garder, dans le poème, les vers blancs prélevés dans les proses.

Avant de me mettre à recopier, j'avais porté mes repérages sur plus d'œuvres que je n'en ai utilisé, au hasard des lectures, des travaux. Il y eut aussi Victor Hugo (chez qui j'avais commencé), Benjamin Constant, différents contemporains. Mais il ne s'agissait pas d'un dépouillement ! plutôt d'une détection à la louche. Alors on s'aperçoit : 1) que les alexandrins des proses ne sont pas si rares, même dans les écrits les plus exigeants ; 2) mais qu'ils apparaissent peu ou mal en tant qu'alexandrins. De fait, on peut distinguer deux catégories. Dans l'une, il faut du vice, il faut se torturer si l'on veut que, du mouvement naturel des proses, des alexandrins émergent. Dans l'autre catégorie, certes ils surabondent et assez souvent bien formés, mais dans une prose qui va de soi et les fait invisibles.

Par exemple, *la Pipe de Maigret*, une nouvelle de Simenon. On y découvrira beaucoup d'alexandrins en première lecture invisibles. Intéressé par les personnages et soumis à l'intrigue, le lecteur ne remarque pas les points de passage. Autrement dit, dans une prose nécessaire, ces alexandrins ont acquis la transparence. Oui, mais en seconde lecture (au long d'une seconde lecture évidemment un peu perverse), on peut, avec des alexandrins recopiés, obtenir un bout à bout, un rabibochage. Il donne quelque idée, disons signalisatrice, d'une narration policière, de ses linéaments ; comme ceci :

Lucas était venu lui parler d'une affaire. — Un incident minime mais inexplicable. — Une odeur de tabac qui persistait toujours. — Depuis combien de temps avez-vous l'impression, — Maigret ne lui prêtait qu'une oreille distraite.

Si l'on ouvre bien ses mirettes et ses esgourdes, des sédiments d'humour il y en a partout, tout le temps. Bien sûr, souvent ça ne se caractérise pas, c'est du chétif, du résiduel, comme ici. Néanmoins, ce n'est pas du tout, oh mais pas du tout, pour me payer la tête de Simenon que j'ai recopié ces lignes. D'abord je l'admire beaucoup, et en plus je ne crois pas qu'il s'agisse de bévues. Si c'était le cas, alors il y aurait des dizaines de milliers de livres, des centaines d'auteurs français qu'il faudrait tourner en ridicule, en ridicule automatique avec cette super-ironie française qui me semble épouvantable, en tout cas déplacée. Il faut comprendre que si l'on prétendait écrire des proses (des proses narratives) où il n'y aurait pas d'alexandrins du tout (ni en général de « vers blancs »), ce serait bel et bien nier le naturel de la langue. Ce qu'il faut démontrer ; ou plutôt, le faut-il vraiment ? Probablement personne n'échappe à la loi. Du reste en voici un autre exemple, — et pour mieux affirmer encore que je ne me moque pas de Simenon, maintenant je vais recopier quelques lignes qui viennent de pousser sous ma plume :

> Autrement dit dans une prose nécessaire
> Ces alexandrins ont acquis la transparence
> Probablement personne n'échappe à la loi

Je ne crois donc plus à la valeur, en critique critiquante, d'une détection des alexandrins dans les proses (à quelques exceptions près, les grosses ou très grosses). Quant à ce que pourrait dire là-dessus la linguistique quantitative, ce n'est pas mon affaire et je n'en ai aucune idée.

Par contre, on pourrait, par effet de collage, mais alors en s'intéressant à un seul livre, ou aux œuvres d'un auteur choisi, restituer une « pensée », avec sa « musique ». Tenter quelque chose comme une verticalisation ou une synthèse (quel langage !) ; quelque chose comme l'effet de signalisation. Ce serait en tout cas à l'opposé de l'opération critique (de critique critiquante) qui éperdument analyse, qui à la fin se dissout dans une recherche de points d'appui fuyants ou douteux. (Mais pas chez Jean Prévost. Son Stendhal éclaire comme un modèle d'approche critique judicieuse.)

Voilà ce qu'on pourrait essayer ; mais pour en revenir (et pour en finir avec elle) à la croyance, que je partageais d'ailleurs, en une gaucherie coupable qui laisse s'égarer dans les proses des vers blancs, eh bien, on remarquera et retiendra ceci :

Le seul alexandrin de prosateur qu'on peut ou pourrait dire fâcheux est marqué de deux caractères : il s'isole de lui-même et il est frappé franchement. A cet égard, grandes richesses chez Balzac. On supposera que ce romancier surveillait mal ses écrits (quitte à les rectifier et amplifier sur épreuves), et entendait peu les vers. Cette supposition n'est pas si aventurée d'ailleurs puisqu'il demanda à Gautier le sonnet des *Illusions perdues*. Aussi, d'écrire sur le thème des gisants et sur d'autres, rien chez lui n'étant pur,

Que faites-vous ainsi rangés et immobiles

voilà qui ne le dérange pas. Mais si, géniaux ou pas, des polygraphes sans le faire exprès offensent la langue, il y a aussi les exemples des prosateurs qui savent fort bien ce qu'ils font quand en prose ils écrivent des alexandrins. Je n'ai pas en ce moment à l'esprit la recherche des effets soutenus — alexandrins délibérément enchaînés, il y en a plusieurs cas dans les romans de Queneau, ainsi le cas du *Chiendent* : « Il foudroie la campagne il subjugue la ville, l'intelligent l'admire autant que l'imbécile. Sur son passage, on crie avec cordialité... Il stoppe en renâclant devant son terminus. « Non ; je pense seulement qu'Hugo tolérait chez lui un automatisme de versificateur, et le tolérait en connaissance de cause, quand ayant vu Balzac à l'agonie il déversait ce résumé dans ses *Choses vues* :

Je comparai la mort à l'immortalité.

Jean Queval.

Synthoulipismes
lexicographiques
ou
prosodiques

IVRESSE ALGOLIQUE

On sait — ou on devrait savoir — que les machines à calculer actuellement électroniques se font fort, non seulement d'effectuer à une très grande vitesse toutes les opérations de l'arithmétique (addition, soustraction, multiplication, division, etc.), mais aussi de réaliser des combinaisons logiques comportant, par exemple, des comparaisons, des triages, des négations, des unions, des intersections, des disjonctions, etc. Au-delà du calcul numérique, les pouvoirs des ordinateurs s'étendent ainsi à des domaines variés, comme la traduction automatique, les jeux stratégiques (y compris ceux de ruse et de bluff), les démonstrations de théorèmes, la solution de tests psychologiques d'intelligence, etc. Certes, nous n'en sommes encore, en ces matières, qu'à la période des balbutiements. Mais tous les espoirs sont permis si l'on est optimiste et si l'on n'enferme pas ses prophéties dans des délais précis.

On sait aussi — ou on devrait savoir — qu'un ordinateur n'est en lui-même pas capable d'accomplir la moindre de ces performances. Il n'y réussit que si on le munit au préalable d'un programme lui indiquant la méthode qu'il devra suivre pour atteindre le but qu'on lui aura fixé. Ce programme doit être conçu et rédigé de manière à pouvoir être compris et appliqué par l'ordinateur.

Malheureusement, les machines actuelles sont déplorablement dépourvues de subjectivité et fâcheusement inaptes à communier en sympathie avec les humains qui les interrogent. Il est d'abord nécessaire de leur fournir des informations très complètes ne négligeant aucun aspect — aussi petit soit-il — de la question traitée et ne leur laissant rien à deviner. Cela suppose des analyses absolument exhaustives, le moindre oubli du plus petit détail entraînant nécessairement le déraillement du convoi des idées et l'échec de toute l'entreprise. En outre, ces programmes doivent être traduits en un langage compréhensible pour les ordinateurs, c'est-à-dire un langage compatible avec leur structure interne et leur mode de fonctionnement.

Le seul langage auquel les ordinateurs puissent s'adapter est formé de « mots » généralement composés de deux « lettres » un peu comme le morse : point et trait, ou 0 et 1, ou encore « le courant passe » et « le courant ne passe pas », ou encore « attraction magnétique » et « répulsion magnétique »[1]. C'est là un langage d'une sécheresse et d'une pauvreté dont le profane ne peut guère se faire une idée. Savoir parler correctement à une machine — c'est-à-dire lui indiquer tout ce qu'elle devra faire pour accomplir la mission qu'on lui assigne — est, de ce fait, un art... et une corvée fastidieuse. Les occasions de se tromper sont innombrables, et, aucune intuition ne nous guidant dans ce travail, on ne peut éviter les erreurs qu'au prix d'une attention et d'une patience peu compatibles avec la primesautière mentalité humaine.

Cette situation a longuement et gravement hypothéqué l'emploi des machines à traiter l'information. Elle a cessé d'être préoccupante depuis l'invention de langages inter-

1. Nous supposons ici que l'on a affaire à des ordinateurs du type courant construits pour travailler avec un code binaire. D'autres codes sont possibles, mais cela ne change rien d'essentiel à notre exposé.

médiaires entre les langages humains et les langages compréhensibles par les machines. On s'est aperçu qu'un certain nombre de sous-programmes (calculs numériques ou combinaisons logiques, que l'on pourrait comparer grossièrement à des phrases, voire à des paragraphes tout faits) reviennent toujours dans tous les programmes, aussi variés que soient ces derniers. Ces sous-programmes, on les écrit une fois pour toutes dans le langage compréhensible par les ordinateurs, on les désigne par des mots ou des signes appartenant au langage ordinaire des humains et on les introduit dans les « mémoires » des machines. Pour se faire comprendre de la machine, le programmeur — qui n'en doit pas moins être un spécialiste rompu à son métier — n'a plus désormais qu'à lui « parler » dans le langage intermédiaire, assez voisin de sa langue maternelle. Grâce aux sous-programmes dont on l'a dotée, la machine traduira le langage intermédiaire en son langage machine. Elle sera alors en mesure de traiter convenablement les informations communiquées et d'effectuer les opérations prescrites.

L'idée de ces langages spécialisés remonte à la Conférence de Zürich, 1958. Le premier d'entre eux FORTRAN fut bientôt suivi par ALGOL (ALGorithmic Oriented Language) créé en 1960 et qui fit l'objet d'une importante mise au point en 1962. Depuis la connaissance d'ALGOL, d'autres langages intermédiaires : MAD, JOVIAL, COBOL, COMIT, SIMSCRIPT, LISP, PL/I, CPL, etc. ont été imaginés pour répondre à des besoins et à des usages différents : gestion des entreprises, mise en œuvre de techniques industrielles, recherche scientifique, etc. Déjà précieux, ils sont encore loin de donner entière satisfaction. D'autres viendront certainement un jour qui rétréciront le fossé séparant les langages humains des langages machines.

Tenons-nous en à l'ALGOL, qui est assez bien adapté aux mathématiques. Il se caractérise par un vocabulaire très réduit — comportant peu de mots, mais des mots

humains — et par une grammaire très stricte, composée
d'un petit nombre de règles sans exceptions. On lira avec
grand profit et quelque plaisir l'excellent ouvrage : *Algol,
théorie et pratique* de J. Arsac, A. Lentin, M. Nivat et
L. Nolin (Paris, Gauthier-Villars, 1965).

Voici donc pour l'ALGOL. Mais la littérature, l'OuLiPo,
que viennent-ils faire dans cette galère ? Poser la question,
n'est-ce pas la résoudre ? Qu'est-ce que la littérature, sinon
l'art — à quelques exceptions près — de combiner des
mots ? Ces mots, d'où viennent-ils ? D'un vocabulaire. Un
vocabulaire plus ou moins riche. Ce peut être un vocabulaire abondant, celui d'une langue naturelle, comme le
français ; ou moins riche, celui de la tragédie classique par
exemple, qui se refuse à utiliser les divers synonymes de
glaive[1], ou plus restreint encore. Lorsqu'un mot comporte
très peu de rimes, le poète est bien obligé d'exprimer son
désespoir ou sa passion en se débrouillant avec ce que le
dictionnaire de rimes met à sa disposition.

Il y a quelques années, un membre de l'OuLiPo, dont la
modestie m'oblige à taire le nom, avait proposé à ses
éminents Collègues de prendre en considération des vocabulaires très restreints et d'en explorer les potentialités
poétiques. Cette suggestion fut accueillie avec bienveillance. Après un premier essai sur l'intersection de deux
sonnets, l'ALGOL fit l'objet d'une deuxième tentative[2].
Cela donna, le 28 gueules 92 (vulg. 23 mars 1964), le poème
suivant :

---

1. Épée, sabre, rapière, lame, fleuret, braquemart, estramaçon, flam-
berge, claymore, colichemarde, cimeterre, yatagan, et j'en oublie.
2. Ont été également envisagés : LINCOS (LINgua COSmica, langage
de communications avec des civilisations extra-terrestres inventé par le
professeur Freudenthal), le vocabulaire BOURBAKI et les vocabulaires de
certains animaux réputés pour la richesse de leurs langages : quelques
oiseaux (corbeaux, rouges-gorges, etc.), quelques mammifères (renards,
etc.) ; la sauterelle elle-même n'est peut-être pas à dédaigner.

Tableau

Début : Pour faire étiquette
Aller jusqu'à commentaire
Tant qu'aiguillage pas faux
Sinon vrai. Fin.

Les choses risquaient d'en rester là quand le Régent Noël Arnaud reprit la question par la base. En proie à un véritable délire algolique, il broya, concassa, démantibula, déchiqueta, tritura, tripatouilla et malaxa le vocabulaire Algol en s'autorisant, sans vaine pudeur, à y prélever — comme des pièces détachées dans un moteur d'automobile à la casse — des syllabes ou des lettres sans s'obliger à utiliser chaque mot dans son entier. Du coup, délivrée de ces misérables entraves la pauvreté du vocabulaire se mua en richesse et sa sécheresse en un lyrisme apte à une grande diversité d'expression. S'élançant à partir de ce tremplin, l'auteur nous montre qu'il sait tout aussi bien chanter la résignation, ou construire un air qui pourrait servir de thème à une fugue, que nous proposer une vision inédite — et quelque peu hermétique — du monde avec toutefois — c'est la caractéristique dominante — une prédilection marquée pour la pornographie enrobée dans les charmants gazouillis de l'extrême enfance et servie par une parfaite maîtrise du calembour. Bref, « Toute la Lyre », comme disait, dans un recueil posthume publié en 1888, un poète dont je n'arrive plus à retrouver le nom.

Les sémantèmes, phonèmes et autres alphabethèmes[1] ayant été ainsi convenablement mis en place, il ne restait plus à Jacques Carelman qu'à les accompagner par ces pilules visuo-audielles que sont les rébus. Il est venu à bout

---

1. Mot nouveau, dont je ne comprends pas bien le sens, et qui vient de naître spontanément sous ma plume.

de cette tâche avec un sens aigu du vocabulaire de
l'Informatique dont on ne saurait trop le louer et qui fait
bien augurer de l'exploitation systématique du rébus. Ce
sont tous les mots du Dictionnaire que Carelman devrait
entreprendre de transformer ainsi. Toute la littérature
française (pour commencer) pourrait être ainsi fort heureusement rafraîchie.

> François Le Lionnais.
> Préface à *Algol*.

POÈMES ALGOL

VOCABULAIRE ALGOL

(ALGorithmic Oriented Language)

Tableau	Étiquette
Début	Rémanent
Booléen	Procédure
Commentaire	Réel
Faire	Pas
Sinon	Chaîne
Fin	Aiguillage
Faux	Alors
Pour	Vrai
Aller à	Jusqu'à
Si	Valeur
Entier	Tant que.

POÈME ALGOL CLASSIQUE

DÉBUT

Pour aller à chaîne
faire étiquette
alors vrai tableau
sinon valeur.

ALGORICHE

(*pauvre de sens*)

Si pas
pour si
faux pas
pas si.

(*riche de sens*)

Si pour faire fin
faut faire faux
pour faire faux
faut faire fin.

ALGOL PRIMAIRE

(une lettre de chaque mot, lecture suivie)

ALGOLIQUE

Bu la fine à Passy
et tapé six glass à Eu.

ALGOLETTRÉ

Lu Lorrain à Passy
et Rolla à Graulhet.

CHEVALGOL

(vision d'Histoire)

réel,
valeur,
étiquette,
faux,
si,
faire.

ALBEGOL

(Twist bègue)

ier ier
ta ta
pas pas
qua qua
que quette

avec : entier,
         tableau,
         pas,
         jusqu'à,
         tant que,
         étiquette.

APPEL DU P

Papa
pot peint
pipi
popo.

avec : pas,
        faux,

L'eau bue, les Huns enterrent leur assiette et cavalent.

avec : tabl*eau*,
dé*but*,
commen*taire*
al*ler à*
si
étiqu*ette*,
vr*ai*,
jus*qu'à*,
*val*eur.

MACHINALGOL

(autre vision d'Histoire)

L'obus enterre, entier, leur tank.

avec : tabl*eau*,
dé*but*,
comment*aire*,
entier,
val*eur*,
tant que.

ALGOG

(géorgique)

Chier dur
entre vaches étiques
faut s'y faire.

avec : *cha*îne (deux fois),
ent*ier*,
procé*dure*,
*en*tier,

fin,
si,
faux.

VARIATION FÉMININE EN S

Ça s'rai sa sœur
sans ce saucisson.

avec : pas, vrai, valeur,
tant que, faux,
sinon.

Noël Arnaud.
1968.

AUTRES TENTATIVES
À LA LIMITE

LA RIEN QUE LA TOUTE LA

à QUE

Vous vous vous, parce que mais nul dont ce aucune
Quand de ce (pour avec) et ce pourquoi jamais ;
Seulement le et les et déjà si quand nous
Au et contre ces qui d'où vous aussi vous des.

Quelque enfin, pas ne tant depuis tout après une
Car si du en auprès (comme un qui je pour vous).
Et même... Il en leur la plus que ce je ne te
Maintenant et cela ou tel toujours sans très.

Là de les puisque vous, moins que pour dont, autour
Desquels celui ne parmi et jusqu'alors — non
Dans le de et par — la qu'il comme la et seuls

Désormais tu son donc ! et tu bien les ici
Mais grâce à lorsque sur dont un les des en eux
Tu Tu Tu à travers les nul dont ce aucune.

LE

L'UNIQUE SONNET DE TREIZE VERS ET POURQUOI *

Les mots nouveaux me donnent de la tablature,
Ils ne figurent pas au Larousse illustré
Et bien souvent je suis quelque peu étonné
Par ceux-ci, dont l'aspect semble contre nature :

Arnalducien, bensilloscope, bergissime,
Blavièrement, braffortomane, duchater,
Lattissoir, lescurophage, queneautiser,
Quevaloïde, schmidtineux, à quoi ça rime ?

Mais il est parmi tous un mot imprononçable,
Sous un parler rugueux son sens est délectable,
C'est le mot : oulichnblkrtssfrllnns.

J'eus tort de faire appel à lui pour un sonnet
Car je ne trouve pas de rime à frllnns.

*

(*) Après adoption d'un quatorzième vers, le titre
deviendra :

SONNET DE QUATORZE VERS

François Le Lionnais.

CONTE DE NOËL
EN RIMES HÉTÉROSEXUELLES[1]

par Françoise Copélia

Le museau embrené comme un vieux rat d'égout,
Baptiste reniflait l'odeur fauve des goules.
Gomorrhe flamboyait. Il allait pas à pas,
Voûté, bavant, puant, l'œil rouge et le front pâle.
Les tribades gloussaient, ivres, le ventre ras
Et dans toute la ville on n'entendait qu'un râle.
Pourtant dans le couvent, à gauche en contrebas,
Une vierge vouée s'amusait à la balle
Et sur la route obscure, au loin, trois petits gars,
Le sac au dos, fuyaient, éperdus, vers la gare,
Laissant au coin du feu éteint dans le vieux mas
Leur grand-père impotent qui pleurait sur sa malle,
Non de peur mais d'espoir car tout en haut du mât
L'étoile du berger lui disait que ces mâles,
Ces trois petits enfants jetés dans les frimas,
Quand le Messie naîtrait deviendraient les Rois Mages.
A droite au fond de la cour, Joseph sur son pot
Contemplait l'incendie qui brûlait jusqu'au pôle

---

1. Rime masculine ayant même support vocalique et même consonne
d'appui qu'une rime féminine.

Et ne comprenait pas, chétif enfant d'un an
A qui manquait encor le frottement de l'âne.
Le Ravi, lui, savait, et toujours satisfait
Se disait à part lui : « Ce s'ra bientôt la fête ».
Il ne le disait pas ainsi, mais en patois,
Et préparait déjà un cognac trois étoiles,
Le monde étant alors préservé du pastis,
Faute que Ricard eût découvert la réglisse.
Hormis ces saintes gens qu'épargnerait l'Enfer,
Gomorrhe n'était que gros gallimard en fesses,
Langue au chat, pots cassés, le bordel et son train,
Le stupre triomphant et l'orgie souveraine.
Que cherchait Jean-Baptiste en ces lieux pervers ?
Ni le lit des putains ni même à boire un verre.
Le Christ, le Christ partout était son seul souci,
Point l'éphèbe aux beaux reins ou la femme lascive.
Sans répit il allait, songeant toujours à Lui,
Qu'il priât, qu'il pissât, trempât son pain dans l'huile
Chez d'affreuses godons ou chez des hommes laids,
Ou même, une fois l'an, mangeât une omelette.
Au coup de foudre il prit ses jambes à son cou.
Il avait mal au ventre il avait mal au coude,
Tous ses muscles bandés mais le cerveau tout mou,
Il fendait l'air opaque où s'enculaient les mouches.
Gomorrhe allait périr et lui, sans dire mot,
Retroussa sa lévite et courut vers le môle.
Un navire attendait, oublié des Nabis.
Il prit la chaîne en main et l'ôta de la bitte.
L'Arche depuis Noé était encore à quai,
Toutes voiles dehors. Le Ravi cria « Qu'est-ce ? »
Quand elle s'élança, Baptiste à l'artimon,
Tandis que s'effondrait, vaincue, la ville immonde.

Variante pour *les Cahiers du Collège de 'Pataphysique* :

. . . .

Quand la nef du salut s'élança sur la mer
Tandis que la cité s'effondrait dans la merdre.

Variante pour *Tel Quel* :

. . . .

Quand Baptiste épuisé, dont la robe grillait,
Fonça comme un butor, oubliant sa vieillesse.

Variante pour le *Figaro Littéraire* :

. . . .

Quand la nef du salut, commandée par Mauriac,
La bannière levée, qui criait au miracle,
Bondit et mit le cap tout droit sur Malagar.
Mauriac dit à Baptiste : « Un œil noir te regarde. »

                                        Noël Arnaud.
                                        9 février 1968.

UN JALOUX

(Vers à rimes internes hétérosexuelles)

Ne prends pas il lui dit mari dans la marine
Ne va dans la forêt le loup cherche sa loupe
Un jour un jour un pou grimpa grimpa la poule
Ne prends pas il lui dit mari dans la marine
Même le mou est mu par la mue de la moule
A tout mâle dit hou et remporte ta houle
Ne prends pas il lui dit mari dans la marine
Un jour un jour un pou grimpa grimpa la poule

Ne prends donc pas pou
Mon enfant ma sœur

Jean Queval.

LA LAMPROIE

*(Dizain saphique à la lionnaise
avec rimes initiales et terminales)*

au Régent Le Lionnais, docte inventeur de la méthode.

L'UNE se love autour de l'autre et lèche LA
LUNE ocre. Leur hulotte ulule un dernier LA.
MAIS leur valet larvé leur livre une LAMPROIE,
METS hideux propre aux reins que l'amour met EN PROIE.
ELLES, pour la flairer, dénouent leur ENTRELACS.
AILES roses, leurs doigts dans sa chair ENTRENT, LAS.
LEUR langue, à redouter la pointe d'une ARÊTE,
LEURRE encore un instant leur désir et s'ARRÊTE,
TANDIS qu'issu du monstre un parfum d'OCÉAN
TEND, DISCRET à masquer leur fumet malSÉANT.

Mercredi vingt-six décembre mil-neuf-cent-soixante-deux.

Albert-Marie Schmidt.

POÈMES-BARRE

Le principe de ce type de poème est de mettre des rimes où il n'y en a pas et de ne pas en mettre où l'on en a l'habitude.

1

Gall, amant de la Reine, alla — c'est étonnant —
Galamment de l'arène à la place Dauphine.

2

Par les bois du djinn où s'entasse de la peur,
Parle et boit du gin ou cent tasses de bon vin.

3

Dans ses meubles laqués, rideaux et fauteuils club,
Danse, aime bleu laquais, ris de tes calembours.

François Le Lionnais.
11 mars 1964.

À PROPOS DE L'ABSENCE DE RIME

1. *Absence d'antérime :* traditionnelle

2. *Absence de rime intérieure :* non étudiée. Voici trois exemples d'absence riche de rime intérieure que l'on rapprochera des poèmes-barres :

    a) Gall, amant de Simone, alla tour magnanime
        Galamment de Pékin à la tour Magne à Nîme.

    b) Dans ses meubles laqués, rideaux et poufs moroses
        Danse, aime, bleu laquais, ris d'oser un mot rose.

    c) Par les bois du gnome où s'entasse de l'effroi
        Parle et bois du punch ou un bol de lait froid.

3. *Absence de post-rime :* C'est ce que l'on appelle — de manière peut-être discutable — le vers blanc. Je ne connais pas d'étude sur ce sujet.

4. *Vers complètement blancs* : Problèmes : composer un alexandrin (ou un distique, un tercet, un quatrain, un sonnet, voire une ode) *complètement* blanc, c'est-à-dire complètement dépourvu de rimes intérieures.

HOLORIME À RÉPÉTITION

Argument

Au cours d'un banquet oulipien, le héros de ce poème marque sa réprobation et fait une moue à une offre de boisson non alcoolisée. Il préférerait aller dans une brasserie de Saint-Germain-des-Prés, mais ignore à quelle altitude elle se trouve. Ayant étanché sa soif il est en proie à une crise de delirium très peu épais au cours de laquelle il croit voir tantôt une plante qui lit le mot « épiderme », tantôt une vague formée de chevaux. Vaincu par l'ivresse il demande où il pourra se reposer et calmer un flux d'entrailles.

OULIPO

Hou ! lippe, eau !
Où Lipp ? Haut ?
Houx lit : « peau »,
Houle hippo !
Où lit, pot ?

Commentaire

Un lecteur peu averti pourrait ne goûter dans ce texte qu'une inspiration purement classique coulée dans une forme nettement traditionnelle. Le connaisseur ne manquera pas, au contraire, d'y saluer l'avènement d'une structure nouvelle : l'holorime à répétition.

François Le Lionnais.

PETIT ABÉCÉDAIRE
ILLUSTRÉ

1

*Devant les vitrines de Noël d'un
grand magasin, un bambin manifeste son scepticisme ou son dégoût
pour la plupart des jouets, et
montre que ce qu'il a l'intention
de se faire offrir, c'est une
magnifique bicyclette dont la
forme rappelle curieusement celle
des premiers véhicules de ce
genre*

2

*Dans un salon, des dames
papotent au sujet de l'a-
dultère*

Voir la clef en fin de volume.

3

Un jeune enfant, élevé à la
manière anglaise, remarque,
non sans malice, que l'on traite
souvent son père de grassouillet

4

Un jeune fifre de la Musique du
Train des Équipages de la Flotte
a déserté et s'est réfugié chez
un ami vigneron. Mais la police
arrive. Vite, le vigneron ordonne
au déserteur de jeter son fifre
et ses papiers d'identité dans un
des tonneaux de sa cave

5

Un jour qu'il jouait avec ses
camarades, Guy dut courir de
toute urgence aux cabinets.
C'est devenu une plaisanterie
dans sa bande que de lui rap--
peler cet incident

6

Bien qu'accablé par le sort,
cet homme ne se laisse pas
abattre ; il lui est déjà

arrivé, explique-t-il, de
s'effondrer, la mesure étant
comble

7

Après de nombreuses années de
voyage, nous l'avons enfin découverte, la petite île dont
nous connaissions si bien les
descriptions livresques

Un musicien français de la fin
du XIXe siècle lit, léger ana-
chronisme, l'un des derniers
romans de Thomas Mann

8

L'un des héritiers de la Maison
Mâme, grande librairie catholique
à Tours, est devenu l'élève de
Marcel Marceau : on peut s'étonner de cette métamorphose

J'ai chez moi une sorte de pétrin
qui se déplace de lui-même quand je
parle à mi-voix

9

La jeune Antoinette, affectueu-
sement surnommée Nanne, a une

*très grande admiration pour la
sextine, et plus particulièrement pour la théorie générale
— ou N-ine — de ces types de
poèmes*

10

*En déplacement à Crémone, le
Souverain Pontife scrute anxi-
eusement le fleuve qui sent
mauvais*

*Le prêtre russe donne à boire
à son fils, mais celui-ci n'a
pas soif, il veut jouer à dada
sur les épaules de son père*

11

*Un passant remarque qu'il est
tout à fait exceptionnel
d'entendre des gens rigoler
dans la rue*

12

*Un maçon timide se cache pour
monter ses seaux de plâtre à
son compagnon ; celui-ci, ex-
cédé, lui ordonne de mettre
fin à ces simagrées*

Un linguiste se demande, en

riant, si les théories de
Saussure constituent un tamis
valable

13

Bien que discrètement interrogé
par l'Ambassadeur des États-Unis
le Chef de l'État Yougoslave ne
voulut rien laisser savoir de ses
intentions

14

Allons ! Sois volontaire !
Crie tes enthousiasmes à la
face du monde !

15

Bien qu'ancien polytechnicien,
ce fonctionnaire songe, amer,
qu'il n'est arrivé qu'à un poste
modeste au Ministère du Travail,
avenue de Saxe, et se dit que si
c'était à refaire, il choisirait
une autre voie

16

Alors qu'elle n'a pas encore
tout à fait appris à parler,

Helen Keller voudrait récla-
mer quelque chose à son do-
mestique Zacharie, familiè-
rement appelé Za. Mais devant
la difficulté de la chose,
elle y renonce, excédée.

Georges Perec.
1969.

*Synthoulipismes
périmathématiques*

100 000 000 000 000 DE POÈMES
MODE D'EMPLOI

C'est plus inspiré par le livre pour enfants intitulé *Têtes de Rechange* que par les jeux surréalistes du genre *Cadavre exquis* que j'ai conçu — et réalisé — ce petit ouvrage qui permet à tout un chacun de composer à volonté cent mille milliards de sonnets, tous réguliers bien entendu. C'est, somme toute, une sorte de machine à fabriquer des poèmes, mais en nombre limité ; il est vrai que ce nombre, quoique limité, fournit de la lecture pour près de deux cents millions d'années (en lisant vingt-quatre heures sur vingt-quatre).

Pour composer ces dix sonnets, il m'a fallu obéir aux règles suivantes :

1) Les rimes ne devaient pas être trop banales (pour éviter platitude et monotonie), ni non plus trop rares ou uniques (-*inze*, -*onze*, -*orze*, par exemple) ; il était nécessaire d'avoir dans les quatrains au moins quarante mots différents et dans les tercets vingt. Il eût été, d'ailleurs, sans importance que de mêmes mots se trouvassent à la rime au même vers puisqu'on ne les lit pas en même temps ; je ne me suis permis cette licence que pour « beaux » (substantif et anglicisme) et « beaux » (adjectif).

2) Chaque sonnet devait, sinon être parfaitement trans-lucide, du moins avoir un thème et une continuité, sinon les $10^{14} - 10$ autres n'auraient pas eu le même charme.

3) La structure grammaticale, enfin, devait être la même et demeurer invariante pour chaque substitution de vers. Une solution simple aurait été que chaque vers formât une proposition principale. Je ne me suis permis cette facilité que dans le sonnet n° 10 (le dernier !). J'ai veillé également à ce qu'il n'y eût pas de désaccord de féminin à masculin, ou de singulier à pluriel, d'un vers à l'autre dans les différents sonnets.

Les choses étant ainsi données, chaque vers étant placé sur un volet, il est facile de voir que le lecteur peut composer 10^{14} sonnets différents, soit cent mille milliards. (Pour être plus explicite pour les personnes sceptiques : à chaque premier vers [au nombre de dix] on peut faire correspondre dix seconds vers différents ; il y a donc cent combinaisons différentes des deux premiers vers ; en y joignant le troisième il y en aura mille et, pour les dix sonnets, complets, de quatorze vers, on a donc bien le résultat énoncé plus haut.)

En comptant 45 s pour lire un sonnet et 15 s pour changer les volets, à 8 heures par jour, 200 jours par an, on a pour plus d'un million de siècles de lecture, et en lisant toute la journée 365 jours par an, pour : 190 258 751 années plus quelques plombes et broquilles (sans tenir compte des années bissextiles et autres détails).

Raymond Queneau.

À PROPOS
DE LA LITTÉRATURE
EXPÉRIMENTALE *

De Lycophron [1] à Raymond Roussel [2] en passant par les Grands Rhétoriqueurs, la littérature expérimentale accompagne discrètement la littérature tout court. Avec les « Exercices de Style » et le présent recueil, elle entend sortir de cette semi-clandestinité, affirmer sa légitimité, proclamer ses ambitions, se constituer des méthodes, bref s'accorder à notre civilisation scientifique. Sa vocation est de partir en éclaireur pour tâter le terrain, y tracer des pistes nouvelles, s'assurer si telle route finit en impasse, si telle autre n'est qu'un chemin vicinal, si telle autre enfin amorce une voie triomphale qui conduira vers les Terres promises et les Eldorados du langage. C'est l'une de ces tentatives que nous proposent les « Cent mille milliards de poèmes ». Elle s'inscrit dans un chapitre plus vaste que l'on pourrait qualifier de « *littérature combinatoire* » et pour lequel Raymond Queneau semble éprouver une particulière prédilection.

N'avez-vous pas, en subissant le choc d'un vers parfaitement réussi, le sentiment attristé qu'il est regrettable qu'on ne s'en soit servi qu'une seule fois ? Un beau vers épuiserait-il donc toute sa vertu en un seul poème ? Je ne puis le

---

* Postface aux *Cent Mille Milliards de Poèmes* de Raymond Queneau.
1. Peut-être.
2. Certainement.

croire. S'il a su très bien dire ce qu'il était chargé d'exprimer, pourquoi diable se casser la tête à transmettre le même message d'une manière qui risque d'être moins bonne[1]?

On me dira — et j'en conviens volontiers — qu'un poème n'est pas seulement l'addition des vers qui le composent. Quelque géométrie se mêle à cette arithmétique. L'ordre dans lequel les vers sont enchaînés engendre une configuration qui contribue puissamment à l'effet poétique. On pourrait même démontrer cette proposition en fournissant des contre-exemples en quelque sorte complémentaires ; d'une part, des poèmes assez médiocres dont, cependant, bien des vers — considérés chacun séparément — seraient excellents ; et, d'autre part, des vers sans éclat dont l'association formerait des poèmes d'une assez belle qualité[2].

C'est ici, précisément, qu'apparaît la vertu majeure de ces cent mille milliards de sonnets. Sans doute les combinaisons que l'on peut forger, en s'en remettant au hasard, ne sont-elles pas toutes d'égale valeur. Elles représentent cependant plus qu'une collection de cadavres exquis. Cela tient, évidemment, au fait que Raymond Queneau a adopté un plan général qui limite et oriente les effets du hasard. Il a imposé une structure[3] commune à ses dix *sonnets-géniteurs*, structure dont une certaine partie se retrouve dans les *sonnets-dérivés* et leur confère une efficacité supplémentaire.

Certes, d'autres directions sont possibles (et je crois

---

1. Voilà bien des années que je trouve quelque plaisir à composer des poèmes à l'aide de vers empruntés à d'autres écrivains :

> *Ô combien de marins, combien de capitaines,*
> *Fils, frère, oncle, cousin, beau-frère de greffier.*
> *Manipule des poids de cinquante kilos.*
> *Dans une terre grasse et pleine d'escargots.*

2. J'incline à croire que cette remarque pourrait éclairer la querelle du classicisme et du romantisme.

3. Syntaxique ? Pas seulement.

savoir que quelques bons esprits s'en préoccupent). Au
XVIIᵉ siècle déjà — dans un supplément aux « Deliciae
physico-mathematicae » de son compatriote Daniel
Schwenter — Georg-Philipp Harsdorffer lançait l'idée des
« poèmes protéiques ». Cette fois-ci, les permutations
portent sur les mots eux-mêmes, de sorte que — ces mots
étant équisyllabiques — le mètre est conservé cependant
que change le sens. C'est ainsi qu'en permutant les onze
monosyllabes soulignés dans les deux vers suivants :

Ehr, Kunst, Geld, Guth, Lob, Waib, und *Kind,*
Man hat, *sucht, fehlt, hofft,* und verschwind[1]

on peut obtenir 39 917 800 distiques différents.

On voit ce qui sépare ces deux méthodes. Harsdorffer
échange des mots, alors que Queneau échange des alexandrins. Mais le premier opère à l'intérieur d'un seul poème
alors que le second emprunte ses substitutions à l'extérieur.
Il en résulte nécessairement une bien plus grande abon-
dance de combinaisons, cet accroissement de productivité
entraînant corrélativement un abaissement du prix de
revient unitaire des poèmes. Grâce à cette supériorité
technique l'ouvrage que vous tenez entre vos mains
représente à lui tout seul une quantité de texte nettement
plus grande que tout ce que les hommes ont écrit depuis
l'invention de l'écriture, en y comprenant les romans
populaires, la correspondance commerciale, diplomatique
et privée, les brouillons jetés au panier et les graffiti. Cette
remarque — qui ne tend nullement à déprécier le *procédé
Harsdorffer* — est en tout cas à porter au crédit du *procédé
Queneau.*
On ne s'étonnera pas d'apprendre que le prurit combina-

---

1. *Honneur, Art, Argent, Bien, Amour, Femme et Enfant.*
   L'Homme les a cherchés, sentis, espérés et perdus.

toire exerce ses ravages au-delà du domaine du langage. En représentant, en 1740, les notes de la gamme par des nombres, Jean-Jacques Rousseau ouvrait à ses contemporains des possibilités dont quelques-uns ne se privèrent point et qui, de nos jours, ont tenté John Cage et l'école de musique algorythmique de Pierre Barbaud. Mozart[1] et Stockhausen[2] préfèrent introduire les permutations à un niveau plus élevé ; elles portent sur des phrases musicales dont chacune est d'invention humaine ; nous nous retrouvons au voisinage de Queneau. En peinture — outre les œuvres mobiles ou transformables qui sortent de notre propos quand elles font appel au continu — on signalera « Jazz », le mobile lumineux de Frank Malina, qui permet $2^{11} - 1 = 2\,047$ combinaisons. Mentionnons encore le tour de prestidigitation imaginé par Mel Stover : il permet de retrouver, aussi aisément qu'infailliblement, une carte choisie par un spectateur dans un jeu composé de dix milliards de cartes différentes[3].

Voilà donc — appelée, me semble-t-il, à un destin enviable — une nouvelle formule de composition littéraire offerte à qui voudra l'expérimenter. Faut-il s'écrier — comme le Vieux de la Montagne sur son lit de mort — « Rien n'est vrai, tout est permis ! » ? Nous ne souscrirons certes pas à tant de cynisme. Mais convenons que l'on s'accorde bien des permissions de nos jours et pas rien qu'en matière de littérature expérimentale...

F. Le Lionnais.
1961.

---

1. Son « jeu musical » se présentait sous la forme d'un fichier accompagné d'une notice montrant, par un système facile, « comment composer un nombre limité de valses, rondeaux et menuets », le tout, livré dans un élégant coffret
2. « Pièce pour piano n° 11. »
3. La fabrication d'un tel matériau étant dispendieuse, il est recommandé d'acheter 200 millions de jeux de 52 cartes, d'enlever 2 cartes de chaque jeu et d'inscrire sur les cartes restantes, et dans chacune des quatre familles, les nombres de 1 à 2 500 000 000

LE SONNET IRRATIONNEL

Nous appelons *Sonnet irrationnel* un poème à forme fixe, de quatorze vers (d'où le substantif *sonnet*), dont la structure s'appuie sur le nombre π (d'où l'adjectif *irrationnel*).

Ce poème est, en effet, divisé en cinq strophes successivement et respectivement composées de : 3 — 1 — 4 — 1 — 5 vers, nombres qui sont, dans l'ordre, les cinq premiers chiffres significatifs de π. (Le suivant est un 9 ; c'est pourquoi on donne habituellement, comme valeur de π, 3,1416, qui est la meilleure approximation de 3, 14159.)

Il est clair que l'on aurait pu prendre un nombre plus élevé de chiffres significatifs. Trois raisons essentielles nous en ont empêché :

a) La strophe suivante eût contenu neuf vers, ce qui eût considérablement déséquilibré le poème, puisque les cinq premières en contiennent, en moyenne, deux virgule huit ;

b) le nombre total des vers eût été porté à vingt-trois, ce qui est beaucoup pour un sonnet, même irrégulier ;

c) Enfin, les cinq premières strophes manifestent une progression qui ne manque pas d'harmonie et qu'eût rompue l'adjonction des neuf vers d'une sixième (pour ne rien dire des deux, six, cinq, deux, quatre, etc., vers des suivantes).

Nous avons vite observé que les deux strophes à vers unique (strophe II ou vers 4, et strophe IV ou vers 9) devaient se comporter comme une façon de refrain[1]. Ainsi se tempérait leur singularité. Ainsi, notre sonnet irrationnel retrouvait une grande tradition de la poésie française, presque oubliée avec la ballade, bien disparue, avec le rondeau, le rondel, le triolet, la villanelle.

Cette décision arrêtée devait, naturellement, influencer, sinon déterminer, le choix de la répartition des rimes.

On imagine aisément que cette répartition pouvait s'effectuer de manières fort différentes. Celle que nous avons adoptée, outre qu'elle respecte la présence de notre « refrain », présente deux avantages principaux : alternance des masculines et des féminines, et proximité suffisante des rimes semblables. (Répétons que cette notion de proximité est sans valeur dans le cas des vers 4 et 9, qui jouent le rôle d'un refrain, non de deux rimes.)

Le poème est bâti sur quatre rimes A, B, C, D[2]. Les rimes A et C sont de même sexe, et de sexe opposé à B et D. Il faut 4 A, 3 B, 4 C (pour cinq vers) et 2 D. En voici le schéma :

1. A +
2. A +
3. B −

4. C +

5. B −
6. A +
7. A +
8. B −

9. C + (identique à 4)
10. C +

        11. D −
        12. C +
        13. C +
        14. D −

Notes.
1. Le vers 4 et le vers 9 sont, en principe, identiques Mais nous estimons préférable de les voir légèrement différer.
2. A l'origine de notre entreprise, nous avions prévu cinq rimes (sur le modèle du sonnet traditionnel). Une rime E + prenait la place des deux derniers C (vers 12 et 13). A l'usage, il nous a semblé plus intéressant de resserrer la rigueur de la composition.

TROIS SONNETS IRRATIONNELS

I

Le presbytère n'a rien perdu de son charme,
Ni le jardin de cet éclat qui vous désarme,
Rendant la main aux chiens, la bride à l'étalon :

Mais cette explication ne vaut pas ce mystère.

Foin des lumières qui vous brisent le talon,
Des raisonnements qui, dissipant votre alarme,
Se coiffent bêtement d'un chapeau de gendarme,
Désignant là le juste, et ici le félon.

Aucune explication ne rachète un mystère.

J'aime mieux les charmes passés du presbytère
Et l'éclat emprunté d'un célèbre jardin ;
J'aime mieux les frissons (c'est dans mon caractère)
De tel petit larron que la crainte oblitère,
Qu'évidentes et sues les lampes d'Aladin.

II

Les femmes de marins passent du rire aux larmes
Quand, brisant de la nuit les exquises alarmes,
La trompe de la mort secoue leur lit défait.

Pas d'amant qui n'ait son sursaut mutualiste !

Boutonnant son caban d'un geste stupéfait,
L'homme se rue devant les terribles vacarmes.
Lourde encor de sommeil, frissonnante et sans armes,
Sa silhouette vague étouffe son forfait.

C'est pousser un peu loin le sens mutualiste.

Je n'aurai pas autant la fibre socialiste :
Si ton mari calanche au sein des flots amers,
Je fermerai sur nous un grand drap fataliste
Et, caressant tes yeux d'un index réaliste,
Tirerai de ton corps mille étoiles des mers.

III

La charogne avancée fait du nez au vautour,
Mais, repu, le croqmort tire de l'aile autour
Du désert fulminant de sel et d'ébonite.

Ainsi, de mes débris tu t'éloignes gaiement.

Mon cœur sera bientôt cette blanche ammonite,
Coquille de calcaire à l'indécis contour,
Ramassée, rejetée, retrouvée tour à tour
Par les doigts lumineux d'un grave Sélénite

Que mes divers débris enrichiront gaiement.

Je n'ai pas très envie que mon enterrement
Prenne un air de folklore au musée des espaces.
J'aimerais mieux vivre et mourir petitement
Entre les bras menus de ton gouvernement,
Loin de la Croix du Sud, du sable et des rapaces.

Jacques Bens.

Ǝ

§ 0 MODE D'EMPLOI
DE CE LIVRE

0. 1

0. 1. 1   Ce livre se compose, en principe, de 361 textes, qui sont les 180 pions blancs et les 181 pions noirs d'un jeu de go.

Dans tout ce qui suit, on identifiera la représentation d'un texte sur une surface (papier) à la donnée traditionnelle d'un petit volume de nacre (pions blancs) ou de basalte (pions noirs).

0. 1. 2   Les textes ou pions appartiennent aux variétés suivantes : sonnets, sonnets courts, sonnets interrompus, sonnets en prose, sonnets courts en prose, citations, illustrations, grilles, blancs, noirs, poèmes, poèmes en prose ; une variété peut être subdivisée, analyse que nous laissons au lecteur : par exemple, les sonnets présentent diverses dispositions de rimes (attestées ou non dans la littérature) ; ils peuvent être monométriques (de 5 à 18 syllabes) ou hétérométriques, etc.

0. 1. 3   Indépendamment de cette répartition, les pions entretiennent entre eux différents rapports de signification, de succession ou de position. Ce sont certains de ces rapports (ou absence de rapports) que nous proposons au lecteur, selon quatre modes de lecture, explicités aux numéros suivants.

0. 2

0. 2. 1   Selon le premier mode de lecture, des groupements de pions, d'importance inégale, peuvent être isolés : par exemple, sous le titre « forêt » sont assemblés treize textes, dont l'organisation est symboliquement représentée par un diagramme, placé immédiatement en dessous du titre. Ce diagramme indique une position possible des pions sur la table de jeu. Cette disposition peut être une figure de go.

0. 2. 2   Les textes eux-mêmes, appartenant à un même groupement de pions, sont reproduits à la suite du diagramme, dans un ordre qui est l'ordre de leur mise en place sur celui-ci.

0. 2. 3   Dans cette lecture, chaque groupement de pions est indépendant des autres.

0. 3

0. 3. 1   La deuxième « lecture » est celle qui détermine la répartition en paragraphes du présent livre. Les groupements définis en [0. 2] s'insèrent dans un développement qu'explicite une table.

0. 3. 2   Chaque paragraphe a pour titre un signe mathématique, pris dans un sens non mathématique dérivé ; à la suite de ce paragraphe ce sens sera précisé par des extraits des articles correspondants du *Dictionnaire de la langue mathématique* de Lachatre et Grothendieck (2ᵉ éd. 1969).

0. 3. 3   Les paragraphes doivent être considérés comme ouverts : certains textes ne sont pas donnés, certains le sont fragmentairement, tous pourront être ultérieurement modifiés, partiellement ou totalement.

0. 4

0. 4. 1   Le troisième mode de lecture suit le déroulement d'une partie de go. Cette partie n'est pas achevée : de manière précise, nous proposons une image poétique (nous ne chercherons pas à formaliser cette notion) des 157 premiers coups d'une partie, disputée entre Masami Shinohara 8e Dan et Mitsuo Takei 2e Kyu et analysée dans le numéro d'avril 1965 de la *Go Review* publiée par l'association japonaise du go, la *Nihon-Kiin*.

0. 4. 2   Comme il est habituel, les pions (noirs ou blancs) sont notés par des cercles (noirs ou blancs respectivement) et la succession des coups est indiquée par des nombres, figurant dans ces cercles et permettant de reconstituer le déroulement de la partie. Une table permettra de retrouver le texte correspondant. En outre, en regard de chaque texte est donné, s'il y a lieu, le numéro qui lui correspond dans la partie.

0. 5   On peut enfin, sans tenir compte de ce qui précède, se contenter de lire ou d'observer isolément chaque texte. C'est le quatrième mode de lecture.

Jacques Roubaud.

POÈMES BOOLÉENS

J'ai adopté, dans les explications qui suivent, quelques termes appartenant au vocabulaire des mathématiques modernes. Je n'en donnerai pas des définitions rigoureuses, mais seulement quelques éclaircissements suffisant à mon propos.

Appelons *ensemble* une collection d'*éléments*. Ces éléments peuvent être quelconques. On peut former un certain nombre de raisonnements à leur sujet tout en continuant à ignorer largement leur nature ; il suffit qu'ils soient reconnaissables de manière à ce qu'on puisse dire, en toute certitude, s'ils font ou non partie de cet ensemble. De même l'ensemble sera considéré comme bien défini si on sait comment en identifier tous les éléments et eux seuls. C'est ainsi qu'un dictionnaire donné — par exemple, le Dictionnaire de l'Académie — constitue un ensemble dont chaque mot est un élément. Un poème forgé uniquement avec des mots de ce dictionnaire est un *sous-ensemble*. Un autre poème, un autre *sous-ensemble*. Le lecteur imaginera sans peine ce que l'on appellera la *réunion* de ces deux sous-ensembles — ce sera la liste des mots qui se trouvent *soit* dans l'un, *soit* dans l'autre poème — et l'*intersection* de ces deux sous-ensembles — ce sera la liste des mots qui se trouvent *à la fois* dans l'un et dans l'autre poème. Les notions que nous avons décrites appartiennent à deux branches des mathématiques : Théorie des Ensembles et Algèbre de Boole.

Puisant dans l'*Ensemble* constitué par la langue française au XVIIe siècle, nous en avons extrait deux *Sous-Ensembles* ; ce sont les deux sonnets ci-après ; l'un est de Corneille, l'autre est de Brébeuf.

ÉPITAPHE

sur la Mort de Damoiselle Ranquet

NE VERSE POINT DE PLEURS SUR CETTE SÉPUL-
    TURE,
Passant : ce lit funèbre est un lit PRÉCIEUX
OU GIT D'UN CORPS TOUT PUR LA CENDRE
    TOUTE PURE ;
MAIS le zèle DU CŒUR VIT ENCORE EN CES
    LIEUX.

AVANT QUE DE PAYER le droit A LA NATURE,
    SON âme s'ÉLEVANT au-delà de ses yeux,
Avait AU CRÉATEUR uni LA CRÉATURE ;
ET MARCHANT SUR LA TERRE ELLE ÉTAIT
    DANS LES CIEUX.

LES PAUVRES, BIEN MIEUX QU'ELLE, ONT SENTI
    SA RICHESSE :
L'humilité, la peine étaient son ALLÉGRESSE ;
ET SON DERNIER SOUPIR FUT UN SOUPIR
    D'AMOUR.

PASSANT, QU'A SON EXEMPLE UN BEAU FEU TE
    TRANSPORTE
ET LOIN DE LA PLEURER D'AVOIR PERDU LE
    JOUR,

CROIS QU'ON ne meurt jamais quand on meurt DE LA
   SORTE.

Corneille (1655).

ÉPITAPHE

NE VERSE POINT DE PLEURS SUR CETTE SÉPUL-
   TURE
Tu vois de Léonor le tombeau PRÉCIEUX
OU GIT D'UN CORPS TOUT PUR LA CENDRE
   TOUTE PURE
MAIS la vertu DU CŒUR VIT ENCORE EN CES
   LIEUX.

AVANT QUE DE PAYER les droits A LA NATURE,
   SON esprit S'ÉLEVANT d'un vol audacieux,
Allait AU CRÉATEUR unir LA CRÉATURE,
ET MARCHANT SUR LA TERRE ELLE ÉTAIT
   DANS LES CIEUX.

LES PAUVRES, BIEN MIEUX QU'ELLE, ONT SENTI
   SA RICHESSE,
Ne chercher que Dieu seul fut sa seule ALLÉGRESSE,
ET SON DERNIER SOUPIR FUT UN SOUPIR
   D'AMOUR.

PASSANT, QU'A SON EXEMPLE UN BEAU FEU TE
   TRANSPORTE,
ET LOIN DE LA PLEURER D'AVOIR PERDU LE
   JOUR,
CROIS QU'ON commence à vivre en mourant DE LA
   SORTE.

Brébeuf (1638).

Comme nous ne nous occupons ici que de littérature potentielle et non d'histoire de la littérature, nous laisserons de côté la question de savoir quel sonnet fut écrit en premier et si l'on doit parler ou non de plagiat par anticipation (de Brébeuf par Corneille, bien entendu) ou de prothèse littéraire.

A partir des deux sous-ensembles ainsi caractérisés nous avons construit trois nouveaux sous-ensembles. Ce sont : la réunion des deux sonnets, leur intersection, la différence entre la réunion et l'intersection [1].

Pour visualiser ces opérations, les mots appartenant à l'intersection des deux sonnets ont été composés en lettres capitales. Par suite, les autres mots, composés en caractères ordinaires, représentent la différence entre la réunion et l'intersection.

Il ne reste plus qu'à passer à l'opération poétique proprement dite. Le haï-kaï [2] ci-après (titre compris) est formé de mots prélevés uniquement sur l'intersection. Il constitue un homorphisme sur l'intersection.

ÉPITAPHE

UN BEAU FEU D'AMOUR
UN SOUPIR PERDU
LA CENDRE DU CŒUR.

Le haï-kaï qui suit (titre et signature compris) est formé de mots prélevés sur la différence entre la réunion et l'intersection. Il constitue un homorphisme sur cette différence.

1. Que l'on appelle encore : la différence symétrique.
2. On m'autorisera peut-être à appeler ainsi ce court poème, par un léger abus, souvent commis en français.

DAMOISELLE

Chercher la vertu
Au-delà de ses yeux
Est la seule
Peine.

Corbeuf.

Remarquons que le procédé par intersection tel qu'il a été appliqué ici — c'est-à-dire sur un ensemble ordonné de mots — n'offre de possibilités intéressantes que dans des cas exceptionnels, ceux où l'intersection est constituée par un ensemble appréciable d'éléments chargés de sens. Mais on peut envisager d'appliquer cette notion d'intersection à d'autres ensembles que des ensembles de mots, ou encore, sans sortir des ensembles de mots, de la combiner à d'autres notions qui la fécondent.

Insistons également sur un aspect fondamental de cette opération. Le premier haï-kaï ne représente pas la totalité de l'Intersection, mais un sous-ensemble prélevé sur cette totalité. Cette possibilité de choix permet d'échapper à toute mécanisation et à tout automatisme. Elle garantit la liberté créatrice (ou expressive) de l'auteur à l'intérieur d'un procédé donné. Mais, bien entendu, des recettes plus automatiques peuvent être tentées à titre d'expériences « pour voir ».

François Le Lionnais.

THÉÂTRE BOOLÉEN

Le théâtre booléen offre des possibilités innombrables.

Théâtre à intersection : La scène est divisée en trois parties comme les mansions du Moyen Age.

Deux pièces différentes se jouent respectivement dans le secteur à gauche, A, et dans le secteur à droite, C. Ces deux secteurs peuvent représenter aussi bien des intérieurs que des extérieurs. Le secteur intermédiaire, B, représente un extérieur. Il communique avec A et C, comme cela pourrait se produire pour une place publique sur laquelle débouchent plusieurs maisons particulières.

Des personnages de A peuvent aller en B, mais non en C ; et des personnages de C peuvent aller en B, mais non en A.

Deux pièces dont les intrigues et les personnages sont indépendants sont représentées simultanément en A et C. Certains des personnages de A et C peuvent se rencontrer en B et donner naissance à une troisième pièce absolument différente des deux autres.

Théâtre à réunion : Une seule scène avec un équipement et un ameublement très étudiés. Deux pièces A et B complètement indépendantes et complètement différentes sont jouées en même temps et au même endroit. La plupart du temps des acteurs de la pièce A sont donc amenés à parler en même temps que parlent des acteurs de la pièce B, les uns et les autres s'ignorant complètement, le jeu des uns se déroulant comme si les autres n'existaient pas. Cela suppose non seulement des textes très étudiés, mais aussi des mouvements et des déplacements bien mis au point dans les plus petits détails comme l'occupation des chaises, l'utilisation des portes et les intensités des intonations des acteurs. Des spécialistes du théâtre et de la mise en scène m'ont assuré que c'était possible.

Sur cette base on peut imaginer un grand nombre de combinaisons : une pièce comique en même temps qu'une pièce tragique, des pièces complémentaires ou parallèles, etc. ; et, éventuellement, une intersection de deux pièces dans la dernière minute.

François Le Lionnais.

POÈMES À MÉTAMORPHOSES
POUR RUBANS DE MOEBIUS

En utilisant le classique ruban à une seule face et à un seul bord, il est possible, grâce à des manipulations très simples, de faire subir à un poème des transformations qui en modifient spectaculairement et curieusement le sens. On a l'impression d'un tour de prestidigitation, et pourtant il n'en est rien, puisque l'opération peut être faite au ralenti et sous le nez de l'observateur. Il s'agit en réalité d'une application à la poésie des propriétés mathématiques bien connues de ce ruban, découvertes au XIXe siècle par le mathématicien et astronome allemand Moebius.

Nous nous contenterons d'indiquer ici trois des méthodes possibles, en illustrant chacune d'elles par un exemple.

1re méthode : LECTURE DIRECTE.

On prend une bande de papier très *allongée*.

Sur l'une de ses faces, on écrit la première moitié du poème.

On retourne la bande *autour de son plus grand côté*, et sur la deuxième face on écrit la deuxième moitié du poème.

Après avoir opéré une torsion d'un demi-tour, on colle l'une sur l'autre les deux extrémités de la bande.

On obtient ainsi un ruban de Moebius (Fig. 1) qu'on lit d'un bout à l'autre sans avoir à le retourner, puisqu'il n'a qu'une seule face. (Le début est indiqué ici par un astérisque. A la fin de chaque ligne, suivre la flèche.)

N. B. Il est essentiel de retourner la bande de papier autour de son grand côté et non autour du petit.

Pour lire facilement le ruban de Moebius, il est nécessaire que la bande de papier soit assez allongée : sa longueur doit être au moins dix fois plus grande que sa largeur.

Exemple :

Soit la bande de départ suivante :

1re face

Trimer, trimer sans cesse,
Pour moi, c'est la sagesse
Je ne puis flemmarder
Car j'aime mon métier...

2e face
(après retournement autour du côté AB)

c'est vraiment éreintant
de gaspiller son temps,
et grande est ma souffrance,
quand je suis en vacances.

Après transformation de cette bande en ruban de Moebius par collage des surfaces hachurées, on obtient le résultat suivant :

Car j'aime mon métier... quand je suis en vacances.
Je ne puis flemmarder, et grande est ma souffrance,
Pour moi, c'est la sagesse de gaspiller son temps
Trimer, trimer sans cesse, c'est vraiment éreintant

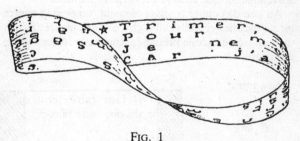

FIG. 1

Ruban de Mœbius.

2ᵉ méthode : MÉTHODE DES DEUX SECTIONS.

On procède d'abord comme dans le cas précédent, jusqu'à l'obtention du ruban de Moebius.

On opère ensuite sur ce ruban *une section longitudinale par le milieu.* On obtient ainsi, comme on sait, un ruban unique à deux faces (Fig. 2).

On pratique sur le ruban obtenu *une section transversale* à l'endroit indiqué par l'astérisque.

Il n'y a plus qu'à lire les deux faces l'une après l'autre, en commençant à l'astérisque.

N. B. Il n'est pas nécessaire que la bande de papier soit aussi allongée que dans le cas de la 1ʳᵉ méthode.

Au lieu de couper transversalement, on peut se contenter de décoller ce qui vient d'être collé. C'est très facile si on a utilisé de la colle présentée, comme le rouge à lèvres, en bâton.

Exemple :

1ʳᵉ *face*

> * Il faut faire ici-bas
> le devoir, sans faux-pas,
> . . . .
> subsister sans folie
> est le but de ma vie.

2ᵉ *face*

> l'amour, toujours l'amour,
> est d'un faible secours.
> . . . .
> La   pire   absurdité :
> chercher   la   volupté

Après avoir transformé cette bande en ruban de Moebius, puis effectué la section longitudinale, et enfin opéré la section transversale, on obtient le résultat suivant :

chercher la volupté est le but de ma vie.
La pire absurdité : subsister sans folie
le devoir, sans faux-pas, est d'un faible secours.
Il faut faire ici-bas l'amour, toujours l'amour,

Fɪɢ. 2

Le ruban après section longitudinale par le milieu.

3ᵉ méthode : MÉTHODE DES TROIS MOEBIUSATIONS.

On fait toutes les opérations décrites dans la 2ᵉ méthode : torsion d'un demi-tour, section longitudinale, section transversale à l'astérisque.

On prend alors plane la bande unique obtenue, et on lui fait subir une nouvelle « moebiusation », c'est-à-dire une torsion d'un demi-tour qui en fait un nouveau ruban de Moebius.

Sur ce nouveau ruban on pratique une nouvelle fois les opérations précédentes : section longitudinale par le milieu, section transversale à l'endroit indiqué par l'astérisque, aplanissement de la bande unique obtenue.

Cette bande unique, on la transforme alors en ruban de Moebius par une troisième moebiusation.

Il suffit maintenant de lire, en partant de l'astérisque, la face unique de ce ruban : tous les vers sont placés bout à bout sur une seule ligne.

Cette méthode convient particulièrement quand il s'agit de mettre en évidence la vérité suivante :

⎰ au moyen du ruban de Moebius il est possible de rendre
⎱ parfaitement clairs certains poèmes obscurs.

Exemple :

Nous partons d'un poème dont le moins qu'on puisse dire est qu'il n'est pas parfaitement clair :

1ʳᵉ face

| J'ai rêvé l'archipel parfumé, montagneux, |
| Je te ranime au son nouveau de mes aveux |
| Oubliés loin des lois qui régissent le monde |
| Des cheveux qui te font comme une tombe blonde |

2ᵉ face

| Perdu dans une mer inconnue et profonde |
| Que ne répéteront ni la plage ni l'onde |
| Où le naufrage nous a jetés tous les deux |
| Sur le sable étendue en l'or de tes cheveux |

Après les trois moebiusations, nous arrivons au poème suivant, tout entier écrit sur une seule ligne :

J'ai rêvé l'archipel parfumé, montagneux,
Perdu dans une mer inconnue et profonde,
Où le naufrage nous a jetés tous les deux
Oubliés loin des lois qui régissent le monde

Sur le sable étendue en l'or de tes cheveux,
Des cheveux qui te font comme une tombe blonde,
Je te ranime au son nouveau de mes aveux
Que ne répéteront ni la plage ni l'onde.

Ce poème est, on le voit, parfaitement clair maintenant. (Il est constitué par les deux quatrains d'un sonnet de Charles Cros : *Phantasma*, extrait du *Collier de griffes*.)

N.B. : Cette méthode ne réussit pas, hélas ! à rendre clairs *tous* les poèmes obscurs.

Beaucoup d'autres méthodes sont possibles : on peut couper, non plus par le milieu, mais au premier tiers, ou encore partir de deux rubans de Moebius superposés, etc.

En dehors du cas où il s'agit de rendre clair un poème « obscur » — ce qui est relativement facile — le problème est d'obtenir des poèmes clairs et cohérents dans leurs différents états. Ce problème est difficile, mais non insoluble.

Luc Etienne.

(*Modèles et textes déposés le 6 avril 1972, n° 35445*)

UNE NOUVELLE POLICIÈRE
EN ARBRE

Le texte d'une nouvelle policière s'interromprait à son début pour offrir au lecteur le choix suivant :

a) Préférez-vous une énigme policière ? Suite page x
b) Préférez-vous une suite à suspens ? Suite page x'
c) Préférez-vous une suite érotico-brutale ? Suite page x''

Dans le cas *a*), au bout de quelques lignes ou alinéas, le texte s'interromprait encore pour offrir un nouveau choix :

a) Préférez-vous un meurtre en chambre close ? suite page y
b) Préférez-vous un alibi parfait ? suite page y'
c) Préférez-vous un autre genre d'énigme ? suite page y''

et ainsi de suite...

En supposant un arbre à 5 niveaux, chaque niveau comportant de 2 à 4 bifurcations, une nouvelle policière remplirait aisément un volume de 200 à 300 pages.

Michel Lebrun prépare un roman policier basé sur une structure très peu différente de celle-ci.

François Le Lionnais.

UN CONTE À VOTRE FAÇON

Ce texte soumis à la 83ᵉ réunion de travail de l'Ouvroir de Littérature Potentielle, s'inspire de la présentation des instructions destinées aux ordinateurs ou bien encore de l'enseignement programmé. C'est une structure analogue à la littérature « en arbre » proposée par F. Le Lionnais à la 79ᵉ réunion [1].

1. Désirez-vous connaître l'histoire des trois alertes petits pois ?
   si oui, passez à 4
   si non, passez à 2.

2. Préférez-vous celle des trois minces grands échalas ?
   si oui, passez à 16
   si non, passez à 3.

3. Préférez-vous celle des trois moyens médiocres arbustes ?
   si oui, passez à 17
   si non, passez à 21.

4. Il y avait une fois trois petits pois vêtus de vert qui dormaient gentiment dans leur cosse. Leur visage bien

---

1. Voir le graphe page 277.

rond respirait par les trous de leurs narines et l'on entendait leur ronflement doux et harmonieux.

>   si vous préférez une autre description, passez à 9
>   si celle-ci vous convient, passez à 5.

5.   Ils ne rêvaient pas. Ces petits êtres en effet ne rêvent jamais.

>   Si vous préférez qu'ils rêvent, passez à 6
>   sinon, passez à 7.

6.   Ils rêvaient. Ces petits êtres en effet rêvent toujours et leurs nuits sécrètent des songes charmants.

>   Si vous désirez connaître ces songes, passez à 11
>   si vous n'y tenez pas, vous passez à 7.

7.   Leurs pieds mignons trempaient dans de chaudes chaussettes et ils portaient au lit des gants de velours noir.

>   Si vous préférez des gants d'une autre couleur,
>   passez à 8
>   si cette couleur vous convient, passez à 10.

8.   Ils portaient au lit des gants de velours bleu.

>   Si vous préférez des gants d'une autre couleur,
>   passez à 7
>   si cette couleur vous convient, passez à 10.

9.   Il y avait une fois trois petits pois qui roulaient leur bosse sur les grands chemins. Le soir venu, fatigués et las, ils s'endormirent très rapidement.

>   Si vous désirez connaître la suite, passez à 5
>   si non, passez à 21.

10.   Tous les trois faisaient le même rêve, ils s'aimaient en effet tendrement et, en bons fiers trumeaux, songeaient toujours semblablement.

>   Si vous désirez connaître leur rêve, passez à 11
>   si non, passez à 12.

11.   Ils rêvaient qu'ils allaient chercher leur soupe à la cantine populaire et qu'en ouvrant leur gamelle ils décou-

vraient que c'était de la soupe d'ers. D'horreur, ils s'éveil-
lent.

> Si vous voulez savoir pourquoi ils s'éveillent d'horreur,
> consulter le Larousse au mot « ers » et n'en parlons
> plus
>
> si vous jugez inutile d'approfondir la question, passez
> à 12.

12. Opopoï! s'écrient-ils en ouvrant les yeux. Opopoï!
quel songe avons-nous enfanté là! Mauvais présage, dit le
premier. Oui-da, dit le second, c'est bien vrai, me voilà
triste. Ne vous troublez pas ainsi, dit le troisième qui était
le plus futé, il ne s'agit pas de s'émouvoir, mais de
comprendre, bref, je m'en vais vous analyser ça.

> Si vous désirez connaître tout de suite l'interprétation
> de ce songe, passez à 15
>
> si vous souhaitez au contraire connaître les réactions
> des deux autres, passez à 13.

13. Tu nous la bailles belle, dit le premier. Depuis quand
sais-tu analyser les songes? Oui, depuis quand? ajouta le
second.

> Si vous désirez aussi savoir depuis quand, passez à 14
>
> si non, passez à 14 tout de même, car vous ne le saurez
> pas plus.

14. Depuis quand? s'écria le troisième. Est-ce que je
sais moi! Le fait est que je pratique la chose. Vous allez
voir!

> Si vous voulez aussi voir, passez à 15
>
> si non, passez également à 15, car vous ne verrez rien.

15. Eh bien! voyons, dirent ses frères. Votre ironie ne
me plaît pas, répliqua l'autre, et vous ne saurez rien.
D'ailleurs, au cours de cette conversation d'un ton assez
vif, votre sentiment d'horreur ne s'est-il pas estompé?
effacé même? Alors à quoi bon remuer le bourbier de
votre inconscient de papilionacées? Allons plutôt nous

laver à la fontaine et saluer ce gai matin dans l'hygiène et la sainte euphorie ! Aussitôt dit, aussitôt fait : les voilà qui se glissent hors de leur cosse, se laissent doucement rouler sur le sol et puis au petit trot gagnent joyeusement le théâtre de leurs ablutions.

> Si vous désirez savoir ce qui se passe sur le théâtre de leurs ablutions, passez à 16
> si vous ne le désirez pas, vous passez à 21.

16. Trois grands échalas les regardaient faire.

> Si les trois grands échalas vous déplaisent, passez à 21
> s'ils vous conviennent, passez à 18.

17. Trois moyens médiocres arbustes les regardaient faire.

> Si les trois moyens médiocres arbustes vous déplaisent, passez à 21
> s'ils vous conviennent, passez à 18.

18. Se voyant ainsi zyeutés, les trois alertes petits pois qui étaient fort pudiques s'ensauvèrent.

> Si vous désirez savoir ce qu'ils firent ensuite, passez à 19
> si vous ne le désirez pas, vous passez à 21.

19. Ils coururent bien fort pour regagner leur cosse et, refermant celle-ci derrière eux, s'y endormirent de nouveau.

> Si vous désirez connaître la suite, passez à 20
> si vous ne le désirez pas, vous passez à 21.

20. Il n'y a pas de suite le conte est terminé.

21. Dans ce cas, le conte est également terminé.

Raymond Queneau.

L'ARBRE À THÉÂTRE

Comédie combinatoire

Principe : A l'origine le but était de faire une comédie sur une structure en arbre. Les problèmes soulevés par une telle réalisation sont particulièrement nombreux et certains nous ont paru pratiquement insolubles. Une pièce en « arbre » demanderait notamment un effort de mémoire presque surhumain aux comédiens.

Nous avons donc élaboré un graphe original présentant pour le spectateur toutes les apparences de l'arbre mais

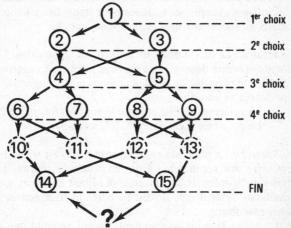

n'en ayant pas les inconvénients pour les comédiens : Mode d'emploi : Les comédiens jouent la première scène puis invitent le spectateur à choisir la suite du spectacle entre les deux scènes possibles (II et III). Les modalités de ce choix sont à fixer selon le lieu : les spectateurs dans une salle peuvent par exemple voter à main levée ; dans le cadre d'une émission radiophonique, ils peuvent téléphoner ; etc. L'essentiel étant que la durée de ce vote ne soit pas trop importante.

Dans le cas qui nous intéresse le spectateur sera amené à choisir quatre fois, ce qui fait qu'il assistera à une représentation en cinq scènes. Notre arbre comportant 15 scènes (dont 4 n'engagent pas le choix du spectateur) il est possible de jouer seize pièces en cinq scènes différentes. Normalement ces seize pièces auraient nécessité la rédaction de 80 scènes (16×5). Nous réalisons donc une économie de 67 scènes.

L'arbre à théâtre : Pour que la structure soit saisie d'emblée par le spectateur, nous avons essayé de construire des intrigues simples et logiques pour lesquelles les choix offerts au spectateur sont réels et fonctionnels.

Scène 1 : Le roi est triste, un malheur est sur le palais. La reine qui rentre de voyage ne parvient pas à le réconforter, il est triste pour une de ces deux raisons entre lesquelles le spectateur va choisir :
— La princesse sa fille a perdu le sourire. (cf. scène 2)
— La princesse a été enlevée. (cf. scène 3)

Scène 2 : La princesse entre en scène, elle est triste. Le roi offre une récompense à qui lui rendra le sourire. La reine, belle-mère de la princesse, se réjouit en secret. Les candidats défilent sans succès. Le héros masqué arrive, la princesse sourit.

Le roi et la reine se disputent. Le roi apprend que la

reine a un amant dont elle est enceinte et la reine apprend que le roi a un fils disparu. Le héros masqué est-il :
— Le fils du roi (cf. scène 5) ?
— L'amant de la reine ? (cf. scène 4)

Scène 3 : La reine se lamente hypocritement devant le roi. La princesse disparue, c'est l'enfant qu'elle porte en elle qui régnera.

Dans la forêt la princesse ligotée tombe amoureuse de son ravisseur et lui demande de la ramener au palais pour lui prouver son amour. Au château, le roi et la reine se disputent. La reine a un amant dont elle est enceinte, le roi a un fils qui a disparu. Au milieu de cette dispute l'homme masqué et la princesse arrivent. Qui est l'homme masqué :
— est-il le fils du roi ? (cf. scène 5)
— ou l'amant de la reine ? (cf. scène 4)

Scène 4 : L'homme masqué est l'amant de la reine. La princesse s'évanouit. Le roi rentre dans une colère terrible et demande ses instruments de torture.
— Tuera-t-il sa femme ? (cf. scène 6)
— Provoquera-t-il l'amant en duel ? (cf. scène 7)

Scène 5 : Le héros affirme qu'il est le fils du roi. La princesse s'évanouit. La reine exige des preuves et demande perfidement de faire passer le jeune homme dans la trappe à nobles pour voir s'il est bien de sang bleu. Le roi ne voit pas l'absurde de la situation et accepte. Seule la princesse peut sauver l'homme masqué :
— La princesse va-t-elle se réveiller ? (cf. scène 8)
— Restera-t-elle évanouie ? (cf. scène 9)

Scène 6 : Le roi passe sa femme dans la machine. Il saisit une occasion de s'en séparer.
— Voulez-vous une happy-end ? (cf. 10 + 14)
— Voulez-vous une unhappy end ? (cf. 11 + 15)

Scène 7 : Le roi provoque l'amant en duel. Dans la bagarre la reine est tuée.
   — Happy end ? (cf. scènes 10 + 14)
   — Unhappy end ? (cf. scènes 11 + 15)

Scène 8 : La princesse se réveille. Elle montre à son père l'absurde de la situation. Dans un accès de rage il oblige sa femme à essayer le dispositif, elle meurt.
   — Happy end ? (cf. scènes 12 + 14)
   — Unhappy end ? (cf. scènes 13 + 15)

Scène 9 : La princesse ne se réveille pas. Le roi avant de jeter son fils dans la machine veut en éprouver le fonctionnement et y jette sa femme. Elle meurt.
   — Happy end ? (cf. scènes 12 + 14)
   — Unhappy end ? (cf. 13 + 15)

Scène 10 : La reine est morte. Le roi et l'amant sont soulagés. En effet l'amant avait séduit la reine pour s'introduire dans le palais. Mais il aime la princesse. Il est triste cependant d'être son frère (reconnaissance).
   — Enchaînement avec scène 14

Scène 11 : L'amant fou de rage tue le roi.
   — Enchaînement avec scène 15

Scène 12 : Le roi reconnaît son fils. Le héros et la princesse sont tristes car ils s'aiment et ne pourront pas se marier étant frère et sœur.
   — Enchaînement avec scène 14

Scène 13 : Le héros fou de rage tue le roi. (Il aimait la reine.)
   — Enchaînement avec scène 15

Scène 14 : En fait par un jeu de mariages et d'adoptions, le héros et la princesse ne sont pas frère et sœur et ils pourront se marier.

Scène 15 : Le roi est mort. La princesse tue le héros et se jette dans la trappe à nobles (elle est rejetée, mais si le spectateur veut savoir pourquoi il doit revenir voir le spectacle car la raison du rejet est expliquée dans la scène 14).

Exemples de parcours possibles : 1-2-4-6-10-14 ; 1-2-5-8-12-14 ; 1-3-5-9-13-15... etc.

N. B. : Il est bien évident qu'un tel résumé ne prétend pas restituer la rigoureuse cohérence que nous avons essayé de maintenir tout au long de la pièce.

Paul Fournel (avec la collaboration de
Jean-Pierre Énard).

*Boîte
à
idées*

TEXTES ANAGLYPHIQUES

Les textes littéraires sont toujours planaires (et même généralement linéaires), c'est-à-dire disposés sur une feuille de papier. On pourrait faire des textes dont les lignes se situeraient dans un espace à 3 dimensions. Leur lecture exigerait des lunettes spéciales (un verre rouge et un verre vert) selon le procédé des anaglyphes qui a déjà été utilisé pour représenter des figures de géométrie et des scènes figuratives dans l'espace.

On remarquera une tentative d'orthogonalisation à l'intérieur du plan, dans les acrostiches.

François Le Lionnais.

HOLOPOÈMES

Les principes de l'holographie pourraient servir à représenter des poèmes en images aériennes dans l'espace. Lorsque le lecteur bougerait la tête il pourrait voir des mots ou des phrases qui lui étaient cachés auparavant.

François Le Lionnais.

LES ANTIRIMES

(A ne pas confondre avec les antérimes)

Les linguistes et les phonéticiens ont proposé plusieurs procédés différents pour caractériser et différencier les phonèmes. On pourrait s'adresser à l'un de ces procédés s'il permet de définir un phonème A' par les caractéristiques complémentaires (ou opposées, ou symétriques) d'un autre phonème A. Par définition A' serait appelé l'antiphonème de A. La notion d'antirime en découle immédiatement.

Un poème en antirime consisterait à associer deux vers dont l'un se terminerait par un ou plusieurs phonèmes (l'ensemble étant appelé rime) et l'autre par les antiphonèmes.

Le problème est évidemment — mais c'est aussi le cas de la rime traditionnelle — de trouver des mots significatifs pour antirime.

François Le Lionnais.

BORDS DE POÈMES

Un poème étant donné, nous appellerons Bords de ce poème le premier vers, le dernier vers, la liste obtenue en prenant le premier mot de chaque vers et la liste obtenue en prenant le dernier mot de chaque vers. Le reste, c'est-à-dire l'intérieur du poème sera considéré, du point de vue qui nous occupe, comme négligeable [1].

Dans plusieurs cas il peut y avoir avantage à représenter un poème en écrivant les mots qui se succèdent dans une même ligne sur un arc au lieu d'une droite. Au lieu d'un rectangle formé de 4 segments droits on aura donc un quadrilatère curviligne convexe.

Soit deux poèmes A et B représentés de cette manière. Si les bords de A et les bords de B contiennent un même mot M, on dira que les deux poèmes sont tangents en M et on pourra les placer de manière à rendre cette tangence visible.

---

1. On peut tout aussi bien adopter un point de vue opposé, considérer les bords comme négligeables et ne s'intéresser qu'à l'intérieur des poèmes. En recommençant cette opération autant de fois qu'il est nécessaire, on est conduit à l'*épluchage* systématique de la poésie française et à l'extraction de ses *noyaux*.

Toute une géométrie est possible à partir de ce matériel. On peut se proposer d'y transposer le problème d'Apollonius : étant donné 3 cercles coplanaires inégaux tangents deux à deux, construire un 4e cercle intérieur tangent et un 5e cercle extérieur tangent.

François Le Lionnais.

TEXTES À VOCABULAIRES
LIMITÉS

Poèmes ou récits ne comportant que des mots d'un vocabulaire très limité (ce qui a déjà été fait avec Algol et avec les poèmes booléens sur l'intersection de Corneille et Brébeuf), par exemple les langages animaux tels que les spécialistes de psychologie animale les décrivent, c'est-à-dire, évidemment, en donnant des équivalents en mots humains.

François Le Lionnais.

QUELQUES STRUCTURES
ET NOTIONS MATHÉMATIQUES

Il faudrait entreprendre une exploration méthodique de quelques structures et notions mathématiques en vue de chercher si certaines d'entre elles n'offrent pas des possibilités OuLiPiennes. Voici, en vrac, quelques suggestions :

1

Ensembles
Classes
Éléments
Appartenance
Inclusion
Réunion
Intersection
Complémentation
Différence symétrique
Différence

2

Relation
Réflexivité

Symétrie
Asymétrie
Dissymétrie
Antisymétrie
Transitivité

3

Préordre
Ordre (Différents types)
Ressemblance (= Réflexivité + Symétrie = Équiva-
lence – Transitivité). Je suis convaincu que cette relation
est terriblement sous-exploitée et qu'elle a un grand avenir
(non seulement pour l'OuLiPo mais aussi pour l'Ou-
PeinPo, l'OuMuPo et plus généralement l'Ou-x-Po). La
synonymie en est un cas particulier.

4

Loi de composition (interne, externe, exterexterne)
Associativité
Commutativité
Distributivité
Simplifiabilité
Concaténation

5

Voisinage
Ouvert
Fermé
Frontière
Adhérence
Catastrophes (de divers types)

6

Correspondance
Application
Injection
Surjection
Bijection
Fonction
Morphisme
Homomorphisme
Endomorphisme
Automorphisme
Epimorphisme
Monomorphisme
Homéomorphisme
Difféomorphisme

7

Graphe
Clique

8

Groupoïdes
Monoïdes
Groupes
Neutre

9

Quantificateurs ∀ ∃

10

Parallélisme
Translations
Sécance
Tangence
Perpendicularité
Angle

11

Transformations affines
Transformations projectives
Transformations par inversion

12

Distance
Écart

13

Probabilités (Lois diverses)
Enchaînements markoviens

Il ne reste plus qu'à se mettre sérieusement au travail.
C'est ce que l'Oulipo a compris. En se limitant à la
discussion d'une seule notion par réunion mensuelle la liste
ci-dessus, qui ne se prétend nullement limitative, pourrait
nourrir les ordres du jour d'une bonne centaine de réunions.

François Le Lionnais.

STRUCTURES THÉMATIQUES
OU SÉMANTIQUES

Établir un dictionnaire (sans prétention exhaustive) d'éléments significatifs intervenant dans un poème ou dans un récit, tels que :

Idées (I), Sentiments (St), Sensations (Ss), Objets (O), Actions (A), Phénomènes (P), etc.

Ce dictionnaire peut être utilisé de plusieurs manières :

1 Analyser un texte existant, le réduire à une liste d'éléments significatifs comme ci-dessus, remplacer chaque élément par son numéro de classe ; imaginer d'autres récits basés exactement sur la même liste. Cet exercice est comparable aux exercices d'homosyntaxismes (basés sur S = substantif, V = Verbe, A = adjectif).

2 On peut également transposer le procédé S + 7 aux domaines thématiques ou sémantiques.

François Le Lionnais.

Clefs

CLEF DE LA TRADUCTION
HOMOPHONIQUE

Suave, mari magno turbantibus aequora ventis,
e terra magnum alterius spectare laborem;

> Lucrèce, *De rerum natura*, II, 1-2.

A thing of beauty is a joy for ever

> John Keats, *Endymion*

CLEF DU PETIT ABÉCÉDAIRE
ILLUSTRÉ

 1 *Bah! Beh! Bi beau : but*
 2 *Caquet : qui cocu?*
 3 *Dad est dit dodu*
 4 *Faf' et fifre au fût!*
 5 *Gag : Eh, Guy, gogues hue!*
 6 *Ja j'ai gît, jauge eu*
 7 *Là l'est, l'îlot lu*
   Lalo lit l'Élu
 8 *Mâme et mime, oh mue!*
   Ma maie, mi-mot, mue
 9 *Nanne : N-ine aux nues*
10 *Pape épie, Pô pue*
   Pas pépie, pope, hue
11 *Rare est rire aux rues*
12 *ça! Cesse, hisse au su!*
   Sas est-ce, hi, Saussure?
13 *Taté, Tito tut*
14 *Va! Veux! Vive au vu!*
15 *Qu'Saxe, ex-X, ! Oh que su...!*
16 *Za, z'éziz... Oh zut!*

CHRONOLOGIE

La première réunion de l'Ouvroir de Littérature Potentielle s'est tenue le 24 novembre 1960 et la cent quarante-deuxième le 14 février 1973.

Outre les membres actifs et les correspondants étrangers (à la liste desquels il faut ajouter Italo Calvino et Harry Mathews), peuvent également prendre part à ces réunions des « invités d'honneur » dont voici les noms au cours des années :

Abraham Moles
Bernard Quemada
René Florkin (Belgique)
Henri Bouché
Daniel Starinkevitch
M. P. Schutzenberger
Michel Philippot
Robert Faure
François Dufrêne
Enrico Baj (Italie)
François Caradec
François Genuys
Jean Ferry
Georg Kreisel (G.-B.)
Jean Margat
Kazuo Watanabé (Japon)

André Lentin
Yves Gentilhomme
Jacques Riguet
Paul Gayot
G.-E. Clancier
Eugen Helmle (R.F.A.)
René Thom
Simon Watson Taylor (G.-B.)
Jean Effel
Bernard et Robert Jaulin
Jean Tardieu
Alain et Monique Rey
Gérald Antoine
Daniel Hérault
François Erval

L'Ou.li.po. en corps a été invité par :

M. Hirschberg au Centre de traduction automatique de
   Bruxelles
Aline Gagnaire en son atelier
André Blavier à Verviers (Belgique)
M. René Moreau à I.B.M. France
M. Ignace Leipp au Centre de Calcul analogique d'Orsay.

AUX ÉDITIONS GALLIMARD

Dans la collection Idées

ATLAS DE LITTÉRATURE POTENTIELLE *n° 439*

DANS LA COLLECTION FOLIO/ESSAIS

Impression Bussière à Saint-Amand (Cher),
le 2 mai 1988.
Dépôt légal : mai 1988.
Numéro d'imprimeur : 4228.
ISBN 2-07-032478-8./Imprimé en France.